DIESES PFLEGETAGEBUCH WIRD GEFÜHRT FÜR

NAME, VORNAME:

GEBOREN AM:

ANSCHRIFT:

STRASSE, PLS/ORT

GESETZLICHER VERTRETER:

NAME, VORNAME:

ANSCHRIFT:

STRASSE, PLS/ORT

BEVOLLMÄCHTIGTEN/
BETREUERS:

PFLEGETAGEBUCHFÜHRER(IN):

UNTERSCHRIFT PFLEGEBEDÜRFTIGE/R
GESETZLICHER VERTRETER/BEVOLLMÄCHTIGTER

UNTERSCHRIFT PFLEGETAGEBUCHFÜHRER(IN)

Herstellung und Verlag:
BoD – Books on Demand, Norderstedt
ISBN: 978-3-7386-1373-5

PFLEGETAG: DATUM: /   /

ERFORDERLICHE HILFE BEI:	ZEITINTENSIVITÄT (IN MIN)				ANMERKUNGEN
	MORGENS	MITTAGS	ABENDS	NACHTS VON 22 BIS 6 UHR	
ERNÄHRUNG					
AUFNAHME DER NAHRUNG					
ZUBEREITUNG MUNDGERECHT					
KÖRPERPFLEGE					
WASCHEN					
GANZKÖRPERWÄSCHE					
TEILWÄSCHE					
DUSCHEN					
BADEN					
KÄMMEN					
MUNDPFELGE (ZAHNPFLEGE)					
RASIEREN					
DARM- UND BLASENENTLEERUNG					
WASSERLASSEN					
STUHLGANG					
RICHTEN DER KLEIDUNG					
WECHSELN DER WINDEL					
URIN-/ STOMBEUTEL WECHSEL					
MOBILITÄT					
ANKLEIDEN					
AUSKLEIDEN					
AUFSTEHEN/ZU BETT GEHEN					
GEHEN/BEWEGEN IM HAUS					
STEHEN					
TREPPENSTEIGEN					
VERLASSEN DER WOHNUNG					
WIEDERFINDEN DER WOHNUNG					
UMLAGERN					
HAUSWIRTSCHAFTLICHE VERSORGUNG					
KOCHEN					
REINIGUNG DER WOHNUNG					
EINKAUFEN					
SPÜLEN					
WÄSCHEWASCHEN					
BEHEIZEN DER WOHNUNG					
NOTIZEN					

PFLEGETAG: 　　　　DATUM: / /

ERFORDERLICHE HILFE BEI:	ZEITINTENSIVITÄT (IN MIN)				ANMERKUNGEN
	MORGENS	MITTAGS	ABENDS	NACHTS VON 22 BIS 6 UHR	
ERNÄHRUNG					
AUFNAHME DER NAHRUNG					
ZUBEREITUNG MUNDGERECHT					
KÖRPERPFLEGE					
WASCHEN					
GANZKÖRPERWÄSCHE					
TEILWÄSCHE					
DUSCHEN					
BADEN					
KÄMMEN					
MUNDPFELGE (ZAHNPFLEGE)					
RASIEREN					
DARM- UND BLASENENTLEERUNG					
WASSERLASSEN					
STUHLGANG					
RICHTEN DER KLEIDUNG					
WECHSELN DER WINDEL					
URIN-/ STOMBEUTEL WECHSEL					
MOBILITÄT					
ANKLEIDEN					
AUSKLEIDEN					
AUFSTEHEN/ZU BETT GEHEN					
GEHEN/BEWEGEN IM HAUS					
STEHEN					
TREPPENSTEIGEN					
VERLASSEN DER WOHNUNG					
WIEDERFINDEN DER WOHNUNG					
UMLAGERN					
HAUSWIRTSCHAFTLICHE VERSORGUNG					
KOCHEN					
REINIGUNG DER WOHNUNG					
EINKAUFEN					
SPÜLEN					
WÄSCHEWASCHEN					
BEHEIZEN DER WOHNUNG					
NOTIZEN					

PFLEGETAG:					DATUM:　/　/

ERFORDERLICHE HILFE BEI:	ZEITINTENSIVITÄT (IN MIN)				ANMERKUNGEN
	MORGENS	MITTAGS	ABENDS	NACHTS VON 22 BIS 6 UHR	
ERNÄHRUNG					
AUFNAHME DER NAHRUNG					
ZUBEREITUNG MUNDGERECHT					
KÖRPERPFLEGE					
WASCHEN					
GANZKÖRPERWÄSCHE					
TEILWÄSCHE					
DUSCHEN					
BADEN					
KÄMMEN					
MUNDPFELGE (ZAHNPFLEGE)					
RASIEREN					
DARM- UND BLASENENTLEERUNG					
WASSERLASSEN					
STUHLGANG					
RICHTEN DER KLEIDUNG					
WECHSELN DER WINDEL					
URIN-/ STOMBEUTEL WECHSEL					
MOBILITÄT					
ANKLEIDEN					
AUSKLEIDEN					
AUFSTEHEN/ZU BETT GEHEN					
GEHEN/BEWEGEN IM HAUS					
STEHEN					
TREPPENSTEIGEN					
VERLASSEN DER WOHNUNG					
WIEDERFINDEN DER WOHNUNG					
UMLAGERN					
HAUSWIRTSCHAFTLICHE VERSORGUNG					
KOCHEN					
REINIGUNG DER WOHNUNG					
EINKAUFEN					
SPÜLEN					
WÄSCHEWASCHEN					
BEHEIZEN DER WOHNUNG					
NOTIZEN					

PFLEGETAG:				DATUM: / /

ERFORDERLICHE HILFE BEI:	ZEITINTENSIVITÄT (IN MIN)				ANMERKUNGEN
	MORGENS	MITTAGS	ABENDS	NACHTS VON 22 BIS 6 UHR	
ERNÄHRUNG					
AUFNAHME DER NAHRUNG					
ZUBEREITUNG MUNDGERECHT					
KÖRPERPFLEGE					
WASCHEN					
GANZKÖRPERWÄSCHE					
TEILWÄSCHE					
DUSCHEN					
BADEN					
KÄMMEN					
MUNDPFELGE (ZAHNPFLEGE)					
RASIEREN					
DARM- UND BLASENENTLEERUNG					
WASSERLASSEN					
STUHLGANG					
RICHTEN DER KLEIDUNG					
WECHSELN DER WINDEL					
URIN-/ STOMBEUTEL WECHSEL					
MOBILITÄT					
ANKLEIDEN					
AUSKLEIDEN					
AUFSTEHEN/ZU BETT GEHEN					
GEHEN/BEWEGEN IM HAUS					
STEHEN					
TREPPENSTEIGEN					
VERLASSEN DER WOHNUNG					
WIEDERFINDEN DER WOHNUNG					
UMLAGERN					
HAUSWIRTSCHAFTLICHE VERSORGUNG					
KOCHEN					
REINIGUNG DER WOHNUNG					
EINKAUFEN					
SPÜLEN					
WÄSCHEWASCHEN					
BEHEIZEN DER WOHNUNG					
NOTIZEN					

PFLEGETAG:					DATUM: / /

ERFORDERLICHE HILFE BEI:	ZEITINTENSIVITÄT (IN MIN)				ANMERKUNGEN
	MORGENS	MITTAGS	ABENDS	NACHTS VON 22 BIS 6 UHR	
ERNÄHRUNG					
AUFNAHME DER NAHRUNG					
ZUBEREITUNG MUNDGERECHT					
KÖRPERPFLEGE					
WASCHEN					
GANZKÖRPERWÄSCHE					
TEILWÄSCHE					
DUSCHEN					
BADEN					
KÄMMEN					
MUNDPFELGE (ZAHNPFLEGE)					
RASIEREN					
DARM- UND BLASENENTLEERUNG					
WASSERLASSEN					
STUHLGANG					
RICHTEN DER KLEIDUNG					
WECHSELN DER WINDEL					
URIN-/ STOMBEUTEL WECHSEL					
MOBILITÄT					
ANKLEIDEN					
AUSKLEIDEN					
AUFSTEHEN/ZU BETT GEHEN					
GEHEN/BEWEGEN IM HAUS					
STEHEN					
TREPPENSTEIGEN					
VERLASSEN DER WOHNUNG					
WIEDERFINDEN DER WOHNUNG					
UMLAGERN					
HAUSWIRTSCHAFTLICHE VERSORGUNG					
KOCHEN					
REINIGUNG DER WOHNUNG					
EINKAUFEN					
SPÜLEN					
WÄSCHEWASCHEN					
BEHEIZEN DER WOHNUNG					
NOTIZEN					

PFLEGETAG:					DATUM: / /

ERFORDERLICHE HILFE BEI:	ZEITINTENSIVITÄT (IN MIN)				ANMERKUNGEN
	MORGENS	MITTAGS	ABENDS	NACHTS VON 22 BIS 6 UHR	
ERNÄHRUNG					
AUFNAHME DER NAHRUNG					
ZUBEREITUNG MUNDGERECHT					
KÖRPERPFLEGE					
WASCHEN					
GANZKÖRPERWÄSCHE					
TEILWÄSCHE					
DUSCHEN					
BADEN					
KÄMMEN					
MUNDPFELGE (ZAHNPFLEGE)					
RASIEREN					
DARM- UND BLASENENTLEERUNG					
WASSERLASSEN					
STUHLGANG					
RICHTEN DER KLEIDUNG					
WECHSELN DER WINDEL					
URIN-/ STOMBEUTEL WECHSEL					
MOBILITÄT					
ANKLEIDEN					
AUSKLEIDEN					
AUFSTEHEN/ZU BETT GEHEN					
GEHEN/BEWEGEN IM HAUS					
STEHEN					
TREPPENSTEIGEN					
VERLASSEN DER WOHNUNG					
WIEDERFINDEN DER WOHNUNG					
UMLAGERN					
HAUSWIRTSCHAFTLICHE VERSORGUNG					
KOCHEN					
REINIGUNG DER WOHNUNG					
EINKAUFEN					
SPÜLEN					
WÄSCHEWASCHEN					
BEHEIZEN DER WOHNUNG					
NOTIZEN					

PFLEGETAG: DATUM: / /

ERFORDERLICHE HILFE BEI:	ZEITINTENSIVITÄT (IN MIN)				ANMERKUNGEN
	MORGENS	MITTAGS	ABENDS	NACHTS VON 22 BIS 6 UHR	
ERNÄHRUNG					
AUFNAHME DER NAHRUNG					
ZUBEREITUNG MUNDGERECHT					
KÖRPERPFLEGE					
WASCHEN					
GANZKÖRPERWÄSCHE					
TEILWÄSCHE					
DUSCHEN					
BADEN					
KÄMMEN					
MUNDPFELGE (ZAHNPFLEGE)					
RASIEREN					
DARM- UND BLASENENTLEERUNG					
WASSERLASSEN					
STUHLGANG					
RICHTEN DER KLEIDUNG					
WECHSELN DER WINDEL					
URIN-/ STOMBEUTEL WECHSEL					
MOBILITÄT					
ANKLEIDEN					
AUSKLEIDEN					
AUFSTEHEN/ZU BETT GEHEN					
GEHEN/BEWEGEN IM HAUS					
STEHEN					
TREPPENSTEIGEN					
VERLASSEN DER WOHNUNG					
WIEDERFINDEN DER WOHNUNG					
UMLAGERN					
HAUSWIRTSCHAFTLICHE VERSORGUNG					
KOCHEN					
REINIGUNG DER WOHNUNG					
EINKAUFEN					
SPÜLEN					
WÄSCHEWASCHEN					
BEHEIZEN DER WOHNUNG					
NOTIZEN					

| PFLEGETAG: | | | DATUM: | / | / |

ERFORDERLICHE HILFE BEI:	ZEITINTENSIVITÄT (IN MIN)				ANMERKUNGEN
	MORGENS	MITTAGS	ABENDS	NACHTS VON 22 BIS 6 UHR	
ERNÄHRUNG					
AUFNAHME DER NAHRUNG					
ZUBEREITUNG MUNDGERECHT					
KÖRPERPFLEGE					
WASCHEN					
GANZKÖRPERWÄSCHE					
TEILWÄSCHE					
DUSCHEN					
BADEN					
KÄMMEN					
MUNDPFELGE (ZAHNPFLEGE)					
RASIEREN					
DARM- UND BLASENENTLEERUNG					
WASSERLASSEN					
STUHLGANG					
RICHTEN DER KLEIDUNG					
WECHSELN DER WINDEL					
URIN-/ STOMBEUTEL WECHSEL					
MOBILITÄT					
ANKLEIDEN					
AUSKLEIDEN					
AUFSTEHEN/ZU BETT GEHEN					
GEHEN/BEWEGEN IM HAUS					
STEHEN					
TREPPENSTEIGEN					
VERLASSEN DER WOHNUNG					
WIEDERFINDEN DER WOHNUNG					
UMLAGERN					
HAUSWIRTSCHAFTLICHE VERSORGUNG					
KOCHEN					
REINIGUNG DER WOHNUNG					
EINKAUFEN					
SPÜLEN					
WÄSCHEWASCHEN					
BEHEIZEN DER WOHNUNG					
NOTIZEN					

PFLEGETAG:				DATUM: / /

ERFORDERLICHE HILFE BEI:	ZEITINTENSIVITÄT (IN MIN)				ANMERKUNGEN
	MORGENS	MITTAGS	ABENDS	NACHTS VON 22 BIS 6 UHR	
ERNÄHRUNG					
AUFNAHME DER NAHRUNG					
ZUBEREITUNG MUNDGERECHT					
KÖRPERPFLEGE					
WASCHEN					
GANZKÖRPERWÄSCHE					
TEILWÄSCHE					
DUSCHEN					
BADEN					
KÄMMEN					
MUNDPFELGE (ZAHNPFLEGE)					
RASIEREN					
DARM- UND BLASENENTLEERUNG					
WASSERLASSEN					
STUHLGANG					
RICHTEN DER KLEIDUNG					
WECHSELN DER WINDEL					
URIN-/ STOMBEUTEL WECHSEL					
MOBILITÄT					
ANKLEIDEN					
AUSKLEIDEN					
AUFSTEHEN/ZU BETT GEHEN					
GEHEN/BEWEGEN IM HAUS					
STEHEN					
TREPPENSTEIGEN					
VERLASSEN DER WOHNUNG					
WIEDERFINDEN DER WOHNUNG					
UMLAGERN					
HAUSWIRTSCHAFTLICHE VERSORGUNG					
KOCHEN					
REINIGUNG DER WOHNUNG					
EINKAUFEN					
SPÜLEN					
WÄSCHEWASCHEN					
BEHEIZEN DER WOHNUNG					
NOTIZEN					

PFLEGETAG:					DATUM: / /

ERFORDERLICHE HILFE BEI:	ZEITINTENSIVITÄT (IN MIN)				ANMERKUNGEN
	MORGENS	MITTAGS	ABENDS	NACHTS VON 22 BIS 6 UHR	
ERNÄHRUNG					
AUFNAHME DER NAHRUNG					
ZUBEREITUNG MUNDGERECHT					
KÖRPERPFLEGE					
WASCHEN					
GANZKÖRPERWÄSCHE					
TEILWÄSCHE					
DUSCHEN					
BADEN					
KÄMMEN					
MUNDPFELGE (ZAHNPFLEGE)					
RASIEREN					
DARM- UND BLASENENTLEERUNG					
WASSERLASSEN					
STUHLGANG					
RICHTEN DER KLEIDUNG					
WECHSELN DER WINDEL					
URIN-/ STOMBEUTEL WECHSEL					
MOBILITÄT					
ANKLEIDEN					
AUSKLEIDEN					
AUFSTEHEN/ZU BETT GEHEN					
GEHEN/BEWEGEN IM HAUS					
STEHEN					
TREPPENSTEIGEN					
VERLASSEN DER WOHNUNG					
WIEDERFINDEN DER WOHNUNG					
UMLAGERN					
HAUSWIRTSCHAFTLICHE VERSORGUNG					
KOCHEN					
REINIGUNG DER WOHNUNG					
EINKAUFEN					
SPÜLEN					
WÄSCHEWASCHEN					
BEHEIZEN DER WOHNUNG					
NOTIZEN					

PFLEGETAG:					DATUM: / /

ERFORDERLICHE HILFE BEI:	ZEITINTENSIVITÄT (IN MIN)				ANMERKUNGEN
	MORGENS	MITTAGS	ABENDS	NACHTS VON 22 BIS 6 UHR	
ERNÄHRUNG					
AUFNAHME DER NAHRUNG					
ZUBEREITUNG MUNDGERECHT					
KÖRPERPFLEGE					
WASCHEN					
GANZKÖRPERWÄSCHE					
TEILWÄSCHE					
DUSCHEN					
BADEN					
KÄMMEN					
MUNDPFELGE (ZAHNPFLEGE)					
RASIEREN					
DARM- UND BLASENENTLEERUNG					
WASSERLASSEN					
STUHLGANG					
RICHTEN DER KLEIDUNG					
WECHSELN DER WINDEL					
URIN-/ STOMBEUTEL WECHSEL					
MOBILITÄT					
ANKLEIDEN					
AUSKLEIDEN					
AUFSTEHEN/ZU BETT GEHEN					
GEHEN/BEWEGEN IM HAUS					
STEHEN					
TREPPENSTEIGEN					
VERLASSEN DER WOHNUNG					
WIEDERFINDEN DER WOHNUNG					
UMLAGERN					
HAUSWIRTSCHAFTLICHE VERSORGUNG					
KOCHEN					
REINIGUNG DER WOHNUNG					
EINKAUFEN					
SPÜLEN					
WÄSCHEWASCHEN					
BEHEIZEN DER WOHNUNG					
NOTIZEN					

| PFLEGETAG: | | | | DATUM: / / | |

ERFORDERLICHE HILFE BEI:	ZEITINTENSIVITÄT (IN MIN)				ANMERKUNGEN
	MORGENS	MITTAGS	ABENDS	NACHTS VON 22 BIS 6 UHR	
ERNÄHRUNG					
AUFNAHME DER NAHRUNG					
ZUBEREITUNG MUNDGERECHT					
KÖRPERPFLEGE					
WASCHEN					
GANZKÖRPERWÄSCHE					
TEILWÄSCHE					
DUSCHEN					
BADEN					
KÄMMEN					
MUNDPFELGE (ZAHNPFLEGE)					
RASIEREN					
DARM- UND BLASENENTLEERUNG					
WASSERLASSEN					
STUHLGANG					
RICHTEN DER KLEIDUNG					
WECHSELN DER WINDEL					
URIN-/ STOMBEUTEL WECHSEL					
MOBILITÄT					
ANKLEIDEN					
AUSKLEIDEN					
AUFSTEHEN/ZU BETT GEHEN					
GEHEN/BEWEGEN IM HAUS					
STEHEN					
TREPPENSTEIGEN					
VERLASSEN DER WOHNUNG					
WIEDERFINDEN DER WOHNUNG					
UMLAGERN					
HAUSWIRTSCHAFTLICHE VERSORGUNG					
KOCHEN					
REINIGUNG DER WOHNUNG					
EINKAUFEN					
SPÜLEN					
WÄSCHEWASCHEN					
BEHEIZEN DER WOHNUNG					
NOTIZEN					

PFLEGETAG:					DATUM: / /

ERFORDERLICHE HILFE BEI:	ZEITINTENSIVITÄT (IN MIN)				ANMERKUNGEN
	MORGENS	MITTAGS	ABENDS	NACHTS VON 22 BIS 6 UHR	
ERNÄHRUNG					
AUFNAHME DER NAHRUNG					
ZUBEREITUNG MUNDGERECHT					
KÖRPERPFLEGE					
WASCHEN					
GANZKÖRPERWÄSCHE					
TEILWÄSCHE					
DUSCHEN					
BADEN					
KÄMMEN					
MUNDPFELGE (ZAHNPFLEGE)					
RASIEREN					
DARM- UND BLASENENTLEERUNG					
WASSERLASSEN					
STUHLGANG					
RICHTEN DER KLEIDUNG					
WECHSELN DER WINDEL					
URIN-/ STOMBEUTEL WECHSEL					
MOBILITÄT					
ANKLEIDEN					
AUSKLEIDEN					
AUFSTEHEN/ZU BETT GEHEN					
GEHEN/BEWEGEN IM HAUS					
STEHEN					
TREPPENSTEIGEN					
VERLASSEN DER WOHNUNG					
WIEDERFINDEN DER WOHNUNG					
UMLAGERN					
HAUSWIRTSCHAFTLICHE VERSORGUNG					
KOCHEN					
REINIGUNG DER WOHNUNG					
EINKAUFEN					
SPÜLEN					
WÄSCHEWASCHEN					
BEHEIZEN DER WOHNUNG					
NOTIZEN					

PFLEGETAG:				DATUM: / /

ERFORDERLICHE HILFE BEI:	ZEITINTENSIVITÄT (IN MIN)				ANMERKUNGEN
	MORGENS	MITTAGS	ABENDS	NACHTS VON 22 BIS 6 UHR	
ERNÄHRUNG					
AUFNAHME DER NAHRUNG					
ZUBEREITUNG MUNDGERECHT					
KÖRPERPFLEGE					
WASCHEN					
GANZKÖRPERWÄSCHE					
TEILWÄSCHE					
DUSCHEN					
BADEN					
KÄMMEN					
MUNDPFELGE (ZAHNPFLEGE)					
RASIEREN					
DARM: UND BLASENENTLEERUNG					
WASSERLASSEN					
STUHLGANG					
RICHTEN DER KLEIDUNG					
WECHSELN DER WINDEL					
URIN-/ STOMBEUTEL WECHSEL					
MOBILITÄT					
ANKLEIDEN					
AUSKLEIDEN					
AUFSTEHEN/ZU BETT GEHEN					
GEHEN/BEWEGEN IM HAUS					
STEHEN					
TREPPENSTEIGEN					
VERLASSEN DER WOHNUNG					
WIEDERFINDEN DER WOHNUNG					
UMLAGERN					
HAUSWIRTSCHAFTLICHE VERSORGUNG					
KOCHEN					
REINIGUNG DER WOHNUNG					
EINKAUFEN					
SPÜLEN					
WÄSCHEWASCHEN					
BEHEIZEN DER WOHNUNG					
NOTIZEN					

PFLEGETAG:					DATUM: / /

ERFORDERLICHE HILFE BEI:	ZEITINTENSIVITÄT (IN MIN)				ANMERKUNGEN
	MORGENS	MITTAGS	ABENDS	NACHTS VON 22 BIS 6 UHR	
ERNÄHRUNG					
AUFNAHME DER NAHRUNG					
ZUBEREITUNG MUNDGERECHT					
KÖRPERPFLEGE					
WASCHEN					
GANZKÖRPERWÄSCHE					
TEILWÄSCHE					
DUSCHEN					
BADEN					
KÄMMEN					
MUNDPFELGE (ZAHNPFLEGE)					
RASIEREN					
DARM- UND BLASENENTLEERUNG					
WASSERLASSEN					
STUHLGANG					
RICHTEN DER KLEIDUNG					
WECHSELN DER WINDEL					
URIN-/ STOMBEUTEL WECHSEL					
MOBILITÄT					
ANKLEIDEN					
AUSKLEIDEN					
AUFSTEHEN/ZU BETT GEHEN					
GEHEN/BEWEGEN IM HAUS					
STEHEN					
TREPPENSTEIGEN					
VERLASSEN DER WOHNUNG					
WIEDERFINDEN DER WOHNUNG					
UMLAGERN					
HAUSWIRTSCHAFTLICHE VERSORGUNG					
KOCHEN					
REINIGUNG DER WOHNUNG					
EINKAUFEN					
SPÜLEN					
WÄSCHEWASCHEN					
BEHEIZEN DER WOHNUNG					
NOTIZEN					

PFLEGETAG: DATUM: /   /

ERFORDERLICHE HILFE BEI:	ZEITINTENSIVITÄT (IN MIN)				ANMERKUNGEN
	MORGENS	MITTAGS	ABENDS	NACHTS VON 22 BIS 6 UHR	
ERNÄHRUNG					
AUFNAHME DER NAHRUNG					
ZUBEREITUNG MUNDGERECHT					
KÖRPERPFLEGE					
WASCHEN					
GANZKÖRPERWÄSCHE					
TEILWÄSCHE					
DUSCHEN					
BADEN					
KÄMMEN					
MUNDPFELGE (ZAHNPFLEGE)					
RASIEREN					
DARM- UND BLASENENTLEERUNG					
WASSERLASSEN					
STUHLGANG					
RICHTEN DER KLEIDUNG					
WECHSELN DER WINDEL					
URIN-/ STOMBEUTEL WECHSEL					
MOBILITÄT					
ANKLEIDEN					
AUSKLEIDEN					
AUFSTEHEN/ZU BETT GEHEN					
GEHEN/BEWEGEN IM HAUS					
STEHEN					
TREPPENSTEIGEN					
VERLASSEN DER WOHNUNG					
WIEDERFINDEN DER WOHNUNG					
UMLAGERN					
HAUSWIRTSCHAFTLICHE VERSORGUNG					
KOCHEN					
REINIGUNG DER WOHNUNG					
EINKAUFEN					
SPÜLEN					
WÄSCHEWASCHEN					
BEHEIZEN DER WOHNUNG					

NOTIZEN

PFLEGETAG:				DATUM: / /	

ERFORDERLICHE HILFE BEI:	ZEITINTENSIVITÄT (IN MIN)				ANMERKUNGEN
	MORGENS	MITTAGS	ABENDS	NACHTS VON 22 BIS 6 UHR	
ERNÄHRUNG					
AUFNAHME DER NAHRUNG					
ZUBEREITUNG MUNDGERECHT					
KÖRPERPFLEGE					
WASCHEN					
GANZKÖRPERWÄSCHE					
TEILWÄSCHE					
DUSCHEN					
BADEN					
KÄMMEN					
MUNDPFELGE (ZAHNPFLEGE)					
RASIEREN					
DARM- UND BLASENENTLEERUNG					
WASSERLASSEN					
STUHLGANG					
RICHTEN DER KLEIDUNG					
WECHSELN DER WINDEL					
URIN-/ STOMBEUTEL WECHSEL					
MOBILITÄT					
ANKLEIDEN					
AUSKLEIDEN					
AUFSTEHEN/ZU BETT GEHEN					
GEHEN/BEWEGEN IM HAUS					
STEHEN					
TREPPENSTEIGEN					
VERLASSEN DER WOHNUNG					
WIEDERFINDEN DER WOHNUNG					
UMLAGERN					
HAUSWIRTSCHAFTLICHE VERSORGUNG					
KOCHEN					
REINIGUNG DER WOHNUNG					
EINKAUFEN					
SPÜLEN					
WÄSCHEWASCHEN					
BEHEIZEN DER WOHNUNG					
NOTIZEN					

PFLEGETAG:　　　　　DATUM: / /

ERFORDERLICHE HILFE BEI:	ZEITINTENSIVITÄT (IN MIN)				ANMERKUNGEN
	MORGENS	MITTAGS	ABENDS	NACHTS VON 22 BIS 6 UHR	
ERNÄHRUNG					
AUFNAHME DER NAHRUNG					
ZUBEREITUNG MUNDGERECHT					
KÖRPERPFLEGE					
WASCHEN					
GANZKÖRPERWÄSCHE					
TEILWÄSCHE					
DUSCHEN					
BADEN					
KÄMMEN					
MUNDPFELGE (ZAHNPFLEGE)					
RASIEREN					
DARM- UND BLASENENTLEERUNG					
WASSERLASSEN					
STUHLGANG					
RICHTEN DER KLEIDUNG					
WECHSELN DER WINDEL					
URIN-/ STOMBEUTEL WECHSEL					
MOBILITÄT					
ANKLEIDEN					
AUSKLEIDEN					
AUFSTEHEN/ZU BETT GEHEN					
GEHEN/BEWEGEN IM HAUS					
STEHEN					
TREPPENSTEIGEN					
VERLASSEN DER WOHNUNG					
WIEDERFINDEN DER WOHNUNG					
UMLAGERN					
HAUSWIRTSCHAFTLICHE VERSORGUNG					
KOCHEN					
REINIGUNG DER WOHNUNG					
EINKAUFEN					
SPÜLEN					
WÄSCHEWASCHEN					
BEHEIZEN DER WOHNUNG					
NOTIZEN					

PFLEGETAG: DATUM: / /

ERFORDERLICHE HILFE BEI:	ZEITINTENSIVITÄT (IN MIN)				ANMERKUNGEN
	MORGENS	MITTAGS	ABENDS	NACHTS VON 22 BIS 6 UHR	
ERNÄHRUNG					
AUFNAHME DER NAHRUNG					
ZUBEREITUNG MUNDGERECHT					
KÖRPERPFLEGE					
WASCHEN					
GANZKÖRPERWÄSCHE					
TEILWÄSCHE					
DUSCHEN					
BADEN					
KÄMMEN					
MUNDPFELGE (ZAHNPFLEGE)					
RASIEREN					
DARM- UND BLASENENTLEERUNG					
WASSERLASSEN					
STUHLGANG					
RICHTEN DER KLEIDUNG					
WECHSELN DER WINDEL					
URIN-/ STOMBEUTEL WECHSEL					
MOBILITÄT					
ANKLEIDEN					
AUSKLEIDEN					
AUFSTEHEN/ZU BETT GEHEN					
GEHEN/BEWEGEN IM HAUS					
STEHEN					
TREPPENSTEIGEN					
VERLASSEN DER WOHNUNG					
WIEDERFINDEN DER WOHNUNG					
UMLAGERN					
HAUSWIRTSCHAFTLICHE VERSORGUNG					
KOCHEN					
REINIGUNG DER WOHNUNG					
EINKAUFEN					
SPÜLEN					
WÄSCHEWASCHEN					
BEHEIZEN DER WOHNUNG					
NOTIZEN					

PFLEGETAG:				DATUM: / /

ERFORDERLICHE HILFE BEI:	ZEITINTENSIVITÄT (IN MIN)				ANMERKUNGEN
	MORGENS	MITTAGS	ABENDS	NACHTS VON 22 BIS 6 UHR	
ERNÄHRUNG					
AUFNAHME DER NAHRUNG					
ZUBEREITUNG MUNDGERECHT					
KÖRPERPFLEGE					
WASCHEN					
GANZKÖRPERWÄSCHE					
TEILWÄSCHE					
DUSCHEN					
BADEN					
KÄMMEN					
MUNDPFELGE (ZAHNPFLEGE)					
RASIEREN					
DARM- UND BLASENENTLEERUNG					
WASSERLASSEN					
STUHLGANG					
RICHTEN DER KLEIDUNG					
WECHSELN DER WINDEL					
URIN-/ STOMBEUTEL WECHSEL					
MOBILITÄT					
ANKLEIDEN					
AUSKLEIDEN					
AUFSTEHEN/ZU BETT GEHEN					
GEHEN/BEWEGEN IM HAUS					
STEHEN					
TREPPENSTEIGEN					
VERLASSEN DER WOHNUNG					
WIEDERFINDEN DER WOHNUNG					
UMLAGERN					
HAUSWIRTSCHAFTLICHE VERSORGUNG					
KOCHEN					
REINIGUNG DER WOHNUNG					
EINKAUFEN					
SPÜLEN					
WÄSCHEWASCHEN					
BEHEIZEN DER WOHNUNG					
NOTIZEN					

| PFLEGETAG: | | | | | DATUM: / / |

ERFORDERLICHE HILFE BEI:	ZEITINTENSIVITÄT (IN MIN)				ANMERKUNGEN
	MORGENS	MITTAGS	ABENDS	NACHTS VON 22 BIS 6 UHR	
ERNÄHRUNG					
AUFNAHME DER NAHRUNG					
ZUBEREITUNG MUNDGERECHT					
KÖRPERPFLEGE					
WASCHEN					
GANZKÖRPERWÄSCHE					
TEILWÄSCHE					
DUSCHEN					
BADEN					
KÄMMEN					
MUNDPFELGE (ZAHNPFLEGE)					
RASIEREN					
DARM- UND BLASENENTLEERUNG					
WASSERLASSEN					
STUHLGANG					
RICHTEN DER KLEIDUNG					
WECHSELN DER WINDEL					
URIN-/ STOMBEUTEL WECHSEL					
MOBILITÄT					
ANKLEIDEN					
AUSKLEIDEN					
AUFSTEHEN/ZU BETT GEHEN					
GEHEN/BEWEGEN IM HAUS					
STEHEN					
TREPPENSTEIGEN					
VERLASSEN DER WOHNUNG					
WIEDERFINDEN DER WOHNUNG					
UMLAGERN					
HAUSWIRTSCHAFTLICHE VERSORGUNG					
KOCHEN					
REINIGUNG DER WOHNUNG					
EINKAUFEN					
SPÜLEN					
WÄSCHEWASCHEN					
BEHEIZEN DER WOHNUNG					
NOTIZEN					

PFLEGETAG:					DATUM: / /

ERFORDERLICHE HILFE BEI:	ZEITINTENSIVITÄT (IN MIN)				ANMERKUNGEN
	MORGENS	MITTAGS	ABENDS	NACHTS VON 22 BIS 6 UHR	
ERNÄHRUNG					
AUFNAHME DER NAHRUNG					
ZUBEREITUNG MUNDGERECHT					
KÖRPERPFLEGE					
WASCHEN					
GANZKÖRPERWÄSCHE					
TEILWÄSCHE					
DUSCHEN					
BADEN					
KÄMMEN					
MUNDPFELGE (ZAHNPFLEGE)					
RASIEREN					
DARM- UND BLASENENTLEERUNG					
WASSERLASSEN					
STUHLGANG					
RICHTEN DER KLEIDUNG					
WECHSELN DER WINDEL					
URIN-/ STOMBEUTEL WECHSEL					
MOBILITÄT					
ANKLEIDEN					
AUSKLEIDEN					
AUFSTEHEN/ZU BETT GEHEN					
GEHEN/BEWEGEN IM HAUS					
STEHEN					
TREPPENSTEIGEN					
VERLASSEN DER WOHNUNG					
WIEDERFINDEN DER WOHNUNG					
UMLAGERN					
HAUSWIRTSCHAFTLICHE VERSORGUNG					
KOCHEN					
REINIGUNG DER WOHNUNG					
EINKAUFEN					
SPÜLEN					
WÄSCHEWASCHEN					
BEHEIZEN DER WOHNUNG					
NOTIZEN					

PFLEGETAG:				DATUM:	/ /

ERFORDERLICHE HILFE BEI:	ZEITINTENSIVITÄT (IN MIN)				ANMERKUNGEN
	MORGENS	MITTAGS	ABENDS	NACHTS VON 22 BIS 6 UHR	
ERNÄHRUNG					
AUFNAHME DER NAHRUNG					
ZUBEREITUNG MUNDGERECHT					
KÖRPERPFLEGE					
WASCHEN					
GANZKÖRPERWÄSCHE					
TEILWÄSCHE					
DUSCHEN					
BADEN					
KÄMMEN					
MUNDPFELGE (ZAHNPFLEGE)					
RASIEREN					
DARM- UND BLASENENTLEERUNG					
WASSERLASSEN					
STUHLGANG					
RICHTEN DER KLEIDUNG					
WECHSELN DER WINDEL					
URIN-/ STOMBEUTEL WECHSEL					
MOBILITÄT					
ANKLEIDEN					
AUSKLEIDEN					
AUFSTEHEN/ZU BETT GEHEN					
GEHEN/BEWEGEN IM HAUS					
STEHEN					
TREPPENSTEIGEN					
VERLASSEN DER WOHNUNG					
WIEDERFINDEN DER WOHNUNG					
UMLAGERN					
HAUSWIRTSCHAFTLICHE VERSORGUNG					
KOCHEN					
REINIGUNG DER WOHNUNG					
EINKAUFEN					
SPÜLEN					
WÄSCHEWASCHEN					
BEHEIZEN DER WOHNUNG					
NOTIZEN					

PFLEGETAG:

DATUM: / /

ERFORDERLICHE HILFE BEI:	ZEITINTENSIVITÄT (IN MIN)				ANMERKUNGEN
	MORGENS	MITTAGS	ABENDS	NACHTS VON 22 BIS 6 UHR	
ERNÄHRUNG					
AUFNAHME DER NAHRUNG					
ZUBEREITUNG MUNDGERECHT					
KÖRPERPFLEGE					
WASCHEN					
GANZKÖRPERWÄSCHE					
TEILWÄSCHE					
DUSCHEN					
BADEN					
KÄMMEN					
MUNDPFELGE (ZAHNPFLEGE)					
RASIEREN					
DARM- UND BLASENENTLEERUNG					
WASSERLASSEN					
STUHLGANG					
RICHTEN DER KLEIDUNG					
WECHSELN DER WINDEL					
URIN-/ STOMBEUTEL WECHSEL					
MOBILITÄT					
ANKLEIDEN					
AUSKLEIDEN					
AUFSTEHEN/ZU BETT GEHEN					
GEHEN/BEWEGEN IM HAUS					
STEHEN					
TREPPENSTEIGEN					
VERLASSEN DER WOHNUNG					
WIEDERFINDEN DER WOHNUNG					
UMLAGERN					
HAUSWIRTSCHAFTLICHE VERSORGUNG					
KOCHEN					
REINIGUNG DER WOHNUNG					
EINKAUFEN					
SPÜLEN					
WÄSCHEWASCHEN					
BEHEIZEN DER WOHNUNG					

NOTIZEN

PFLEGETAG:					DATUM: / /

ERFORDERLICHE HILFE BEI:	ZEITINTENSIVITÄT (IN MIN)				ANMERKUNGEN
	MORGENS	MITTAGS	ABENDS	NACHTS VON 22 BIS 6 UHR	
ERNÄHRUNG					
AUFNAHME DER NAHRUNG					
ZUBEREITUNG MUNDGERECHT					
KÖRPERPFLEGE					
WASCHEN					
GANZKÖRPERWÄSCHE					
TEILWÄSCHE					
DUSCHEN					
BADEN					
KÄMMEN					
MUNDPFELGE (ZAHNPFLEGE)					
RASIEREN					
DARM- UND BLASENENTLEERUNG					
WASSERLASSEN					
STUHLGANG					
RICHTEN DER KLEIDUNG					
WECHSELN DER WINDEL					
URIN-/ STOMBEUTEL WECHSEL					
MOBILITÄT					
ANKLEIDEN					
AUSKLEIDEN					
AUFSTEHEN/ZU BETT GEHEN					
GEHEN/BEWEGEN IM HAUS					
STEHEN					
TREPPENSTEIGEN					
VERLASSEN DER WOHNUNG					
WIEDERFINDEN DER WOHNUNG					
UMLAGERN					
HAUSWIRTSCHAFTLICHE VERSORGUNG					
KOCHEN					
REINIGUNG DER WOHNUNG					
EINKAUFEN					
SPÜLEN					
WÄSCHEWASCHEN					
BEHEIZEN DER WOHNUNG					
NOTIZEN					

PFLEGETAG:			DATUM:	/	/

ERFORDERLICHE HILFE BEI:	ZEITINTENSIVITÄT (IN MIN)				ANMERKUNGEN
	MORGENS	MITTAGS	ABENDS	NACHTS VON 22 BIS 6 UHR	
ERNÄHRUNG					
AUFNAHME DER NAHRUNG					
ZUBEREITUNG MUNDGERECHT					
KÖRPERPFLEGE					
WASCHEN					
GANZKÖRPERWÄSCHE					
TEILWÄSCHE					
DUSCHEN					
BADEN					
KÄMMEN					
MUNDPFELGE (ZAHNPFLEGE)					
RASIEREN					
DARM- UND BLASENENTLEERUNG					
WASSERLASSEN					
STUHLGANG					
RICHTEN DER KLEIDUNG					
WECHSELN DER WINDEL					
URIN-/ STOMBEUTEL WECHSEL					
MOBILITÄT					
ANKLEIDEN					
AUSKLEIDEN					
AUFSTEHEN/ZU BETT GEHEN					
GEHEN/BEWEGEN IM HAUS					
STEHEN					
TREPPENSTEIGEN					
VERLASSEN DER WOHNUNG					
WIEDERFINDEN DER WOHNUNG					
UMLAGERN					
HAUSWIRTSCHAFTLICHE VERSORGUNG					
KOCHEN					
REINIGUNG DER WOHNUNG					
EINKAUFEN					
SPÜLEN					
WÄSCHEWASCHEN					
BEHEIZEN DER WOHNUNG					
NOTIZEN					

PFLEGETAG:					DATUM: / /

ERFORDERLICHE HILFE BEI:	ZEITINTENSIVITÄT (IN MIN)				ANMERKUNGEN
	MORGENS	MITTAGS	ABENDS	NACHTS VON 22 BIS 6 UHR	
ERNÄHRUNG					
AUFNAHME DER NAHRUNG					
ZUBEREITUNG MUNDGERECHT					
KÖRPERPFLEGE					
WASCHEN					
GANZKÖRPERWÄSCHE					
TEILWÄSCHE					
DUSCHEN					
BADEN					
KÄMMEN					
MUNDPFELGE (ZAHNPFLEGE)					
RASIEREN					
DARM- UND BLASENENTLEERUNG					
WASSERLASSEN					
STUHLGANG					
RICHTEN DER KLEIDUNG					
WECHSELN DER WINDEL					
URIN-/ STOMBEUTEL WECHSEL					
MOBILITÄT					
ANKLEIDEN					
AUSKLEIDEN					
AUFSTEHEN/ZU BETT GEHEN					
GEHEN/BEWEGEN IM HAUS					
STEHEN					
TREPPENSTEIGEN					
VERLASSEN DER WOHNUNG					
WIEDERFINDEN DER WOHNUNG					
UMLAGERN					
HAUSWIRTSCHAFTLICHE VERSORGUNG					
KOCHEN					
REINIGUNG DER WOHNUNG					
EINKAUFEN					
SPÜLEN					
WÄSCHEWASCHEN					
BEHEIZEN DER WOHNUNG					
NOTIZEN					

PFLEGETAG:					DATUM: / /

ERFORDERLICHE HILFE BEI:	ZEITINTENSIVITÄT (IN MIN)				ANMERKUNGEN
	MORGENS	MITTAGS	ABENDS	NACHTS VON 22 BIS 6 UHR	
ERNÄHRUNG					
AUFNAHME DER NAHRUNG					
ZUBEREITUNG MUNDGERECHT					
KÖRPERPFLEGE					
WASCHEN					
GANZKÖRPERWÄSCHE					
TEILWÄSCHE					
DUSCHEN					
BADEN					
KÄMMEN					
MUNDPFELGE (ZAHNPFLEGE)					
RASIEREN					
DARM- UND BLASENENTLEERUNG					
WASSERLASSEN					
STUHLGANG					
RICHTEN DER KLEIDUNG					
WECHSELN DER WINDEL					
URIN-/ STOMBEUTEL WECHSEL					
MOBILITÄT					
ANKLEIDEN					
AUSKLEIDEN					
AUFSTEHEN/ZU BETT GEHEN					
GEHEN/BEWEGEN IM HAUS					
STEHEN					
TREPPENSTEIGEN					
VERLASSEN DER WOHNUNG					
WIEDERFINDEN DER WOHNUNG					
UMLAGERN					
HAUSWIRTSCHAFTLICHE VERSORGUNG					
KOCHEN					
REINIGUNG DER WOHNUNG					
EINKAUFEN					
SPÜLEN					
WÄSCHEWASCHEN					
BEHEIZEN DER WOHNUNG					
NOTIZEN					

PFLEGETAG:				DATUM: / /	

ERFORDERLICHE HILFE BEI:	ZEITINTENSIVITÄT (IN MIN)				ANMERKUNGEN
	MORGENS	MITTAGS	ABENDS	NACHTS VON 22 BIS 6 UHR	
ERNÄHRUNG					
AUFNAHME DER NAHRUNG					
ZUBEREITUNG MUNDGERECHT					
KÖRPERPFLEGE					
WASCHEN					
GANZKÖRPERWÄSCHE					
TEILWÄSCHE					
DUSCHEN					
BADEN					
KÄMMEN					
MUNDPFELGE (ZAHNPFLEGE)					
RASIEREN					
DARM- UND BLASENENTLEERUNG					
WASSERLASSEN					
STUHLGANG					
RICHTEN DER KLEIDUNG					
WECHSELN DER WINDEL					
URIN-/ STOMBEUTEL WECHSEL					
MOBILITÄT					
ANKLEIDEN					
AUSKLEIDEN					
AUFSTEHEN/ZU BETT GEHEN					
GEHEN/BEWEGEN IM HAUS					
STEHEN					
TREPPENSTEIGEN					
VERLASSEN DER WOHNUNG					
WIEDERFINDEN DER WOHNUNG					
UMLAGERN					
HAUSWIRTSCHAFTLICHE VERSORGUNG					
KOCHEN					
REINIGUNG DER WOHNUNG					
EINKAUFEN					
SPÜLEN					
WÄSCHEWASCHEN					
BEHEIZEN DER WOHNUNG					
NOTIZEN					

PFLEGETAG: DATUM: /   /

ERFORDERLICHE HILFE BEI:	ZEITINTENSIVITÄT (IN MIN)				ANMERKUNGEN
	MORGENS	MITTAGS	ABENDS	NACHTS VON 22 BIS 6 UHR	
ERNÄHRUNG					
AUFNAHME DER NAHRUNG					
ZUBEREITUNG MUNDGERECHT					
KÖRPERPFLEGE					
WASCHEN					
GANZKÖRPERWÄSCHE					
TEILWÄSCHE					
DUSCHEN					
BADEN					
KÄMMEN					
MUNDPFELGE (ZAHNPFLEGE)					
RASIEREN					
DARM- UND BLASENENTLEERUNG					
WASSERLASSEN					
STUHLGANG					
RICHTEN DER KLEIDUNG					
WECHSELN DER WINDEL					
URIN-/ STOMBEUTEL WECHSEL					
MOBILITÄT					
ANKLEIDEN					
AUSKLEIDEN					
AUFSTEHEN/ZU BETT GEHEN					
GEHEN/BEWEGEN IM HAUS					
STEHEN					
TREPPENSTEIGEN					
VERLASSEN DER WOHNUNG					
WIEDERFINDEN DER WOHNUNG					
UMLAGERN					
HAUSWIRTSCHAFTLICHE VERSORGUNG					
KOCHEN					
REINIGUNG DER WOHNUNG					
EINKAUFEN					
SPÜLEN					
WÄSCHEWASCHEN					
BEHEIZEN DER WOHNUNG					
NOTIZEN					

PFLEGETAG:

DATUM: / /

ERFORDERLICHE HILFE BEI:	ZEITINTENSIVITÄT (IN MIN)				ANMERKUNGEN
	MORGENS	MITTAGS	ABENDS	NACHTS VON 22 BIS 6 UHR	
ERNÄHRUNG					
AUFNAHME DER NAHRUNG					
ZUBEREITUNG MUNDGERECHT					
KÖRPERPFLEGE					
WASCHEN					
GANZKÖRPERWÄSCHE					
TEILWÄSCHE					
DUSCHEN					
BADEN					
KÄMMEN					
MUNDPFELGE (ZAHNPFLEGE)					
RASIEREN					
DARM- UND BLASENENTLEERUNG					
WASSERLASSEN					
STUHLGANG					
RICHTEN DER KLEIDUNG					
WECHSELN DER WINDEL					
URIN-/ STOMBEUTEL WECHSEL					
MOBILITÄT					
ANKLEIDEN					
AUSKLEIDEN					
AUFSTEHEN/ZU BETT GEHEN					
GEHEN/BEWEGEN IM HAUS					
STEHEN					
TREPPENSTEIGEN					
VERLASSEN DER WOHNUNG					
WIEDERFINDEN DER WOHNUNG					
UMLAGERN					
HAUSWIRTSCHAFTLICHE VERSORGUNG					
KOCHEN					
REINIGUNG DER WOHNUNG					
EINKAUFEN					
SPÜLEN					
WÄSCHEWASCHEN					
BEHEIZEN DER WOHNUNG					

NOTIZEN

PFLEGETAG:

DATUM: / /

ERFORDERLICHE HILFE BEI:	ZEITINTENSIVITÄT (IN MIN)				ANMERKUNGEN
	MORGENS	MITTAGS	ABENDS	NACHTS VON 22 BIS 6 UHR	
ERNÄHRUNG					
AUFNAHME DER NAHRUNG					
ZUBEREITUNG MUNDGERECHT					
KÖRPERPFLEGE					
WASCHEN					
GANZKÖRPERWÄSCHE					
TEILWÄSCHE					
DUSCHEN					
BADEN					
KÄMMEN					
MUNDPFELGE (ZAHNPFLEGE)					
RASIEREN					
DARM- UND BLASENENTLEERUNG					
WASSERLASSEN					
STUHLGANG					
RICHTEN DER KLEIDUNG					
WECHSELN DER WINDEL					
URIN-/ STOMBEUTEL WECHSEL					
MOBILITÄT					
ANKLEIDEN					
AUSKLEIDEN					
AUFSTEHEN/ZU BETT GEHEN					
GEHEN/BEWEGEN IM HAUS					
STEHEN					
TREPPENSTEIGEN					
VERLASSEN DER WOHNUNG					
WIEDERFINDEN DER WOHNUNG					
UMLAGERN					
HAUSWIRTSCHAFTLICHE VERSORGUNG					
KOCHEN					
REINIGUNG DER WOHNUNG					
EINKAUFEN					
SPÜLEN					
WÄSCHEWASCHEN					
BEHEIZEN DER WOHNUNG					

NOTIZEN

PFLEGETAG:					DATUM: / /

ERFORDERLICHE HILFE BEI:	ZEITINTENSIVITÄT (IN MIN)				ANMERKUNGEN
	MORGENS	MITTAGS	ABENDS	NACHTS VON 22 BIS 6 UHR	
ERNÄHRUNG					
AUFNAHME DER NAHRUNG					
ZUBEREITUNG MUNDGERECHT					
KÖRPERPFLEGE					
WASCHEN					
GANZKÖRPERWÄSCHE					
TEILWÄSCHE					
DUSCHEN					
BADEN					
KÄMMEN					
MUNDPFELGE (ZAHNPFLEGE)					
RASIEREN					
DARM- UND BLASENENTLEERUNG					
WASSERLASSEN					
STUHLGANG					
RICHTEN DER KLEIDUNG					
WECHSELN DER WINDEL					
URIN-/ STOMBEUTEL WECHSEL					
MOBILITÄT					
ANKLEIDEN					
AUSKLEIDEN					
AUFSTEHEN/ZU BETT GEHEN					
GEHEN/BEWEGEN IM HAUS					
STEHEN					
TREPPENSTEIGEN					
VERLASSEN DER WOHNUNG					
WIEDERFINDEN DER WOHNUNG					
UMLAGERN					
HAUSWIRTSCHAFTLICHE VERSORGUNG					
KOCHEN					
REINIGUNG DER WOHNUNG					
EINKAUFEN					
SPÜLEN					
WÄSCHEWASCHEN					
BEHEIZEN DER WOHNUNG					
NOTIZEN					

PFLEGETAG:				DATUM: / /	

ERFORDERLICHE HILFE BEI:	ZEITINTENSIVITÄT (IN MIN)				ANMERKUNGEN
	MORGENS	MITTAGS	ABENDS	NACHTS VON 22 BIS 6 UHR	
ERNÄHRUNG					
AUFNAHME DER NAHRUNG					
ZUBEREITUNG MUNDGERECHT					
KÖRPERPFLEGE					
WASCHEN					
GANZKÖRPERWÄSCHE					
TEILWÄSCHE					
DUSCHEN					
BADEN					
KÄMMEN					
MUNDPFELGE (ZAHNPFLEGE)					
RASIEREN					
DARM- UND BLASENENTLEERUNG					
WASSERLASSEN					
STUHLGANG					
RICHTEN DER KLEIDUNG					
WECHSELN DER WINDEL					
URIN-/ STOMBEUTEL WECHSEL					
MOBILITÄT					
ANKLEIDEN					
AUSKLEIDEN					
AUFSTEHEN/ZU BETT GEHEN					
GEHEN/BEWEGEN IM HAUS					
STEHEN					
TREPPENSTEIGEN					
VERLASSEN DER WOHNUNG					
WIEDERFINDEN DER WOHNUNG					
UMLAGERN					
HAUSWIRTSCHAFTLICHE VERSORGUNG					
KOCHEN					
REINIGUNG DER WOHNUNG					
EINKAUFEN					
SPÜLEN					
WÄSCHEWASCHEN					
BEHEIZEN DER WOHNUNG					
NOTIZEN					

PFLEGETAG:				DATUM: / /	

ERFORDERLICHE HILFE BEI:	ZEITINTENSIVITÄT (IN MIN)				ANMERKUNGEN
	MORGENS	MITTAGS	ABENDS	NACHTS VON 22 BIS 6 UHR	
ERNÄHRUNG					
AUFNAHME DER NAHRUNG					
ZUBEREITUNG MUNDGERECHT					
KÖRPERPFLEGE					
WASCHEN					
GANZKÖRPERWÄSCHE					
TEILWÄSCHE					
DUSCHEN					
BADEN					
KÄMMEN					
MUNDPFELGE (ZAHNPFLEGE)					
RASIEREN					
DARM- UND BLASENENTLEERUNG					
WASSERLASSEN					
STUHLGANG					
RICHTEN DER KLEIDUNG					
WECHSELN DER WINDEL					
URIN-/ STOMBEUTEL WECHSEL					
MOBILITÄT					
ANKLEIDEN					
AUSKLEIDEN					
AUFSTEHEN/ZU BETT GEHEN					
GEHEN/BEWEGEN IM HAUS					
STEHEN					
TREPPENSTEIGEN					
VERLASSEN DER WOHNUNG					
WIEDERFINDEN DER WOHNUNG					
UMLAGERN					
HAUSWIRTSCHAFTLICHE VERSORGUNG					
KOCHEN					
REINIGUNG DER WOHNUNG					
EINKAUFEN					
SPÜLEN					
WÄSCHEWASCHEN					
BEHEIZEN DER WOHNUNG					
NOTIZEN					

PFLEGETAG:				DATUM: / /

ERFORDERLICHE HILFE BEI:	ZEITINTENSIVITÄT (IN MIN)				ANMERKUNGEN
	MORGENS	MITTAGS	ABENDS	NACHTS VON 22 BIS 6 UHR	
ERNÄHRUNG					
AUFNAHME DER NAHRUNG					
ZUBEREITUNG MUNDGERECHT					
KÖRPERPFLEGE					
WASCHEN					
GANZKÖRPERWÄSCHE					
TEILWÄSCHE					
DUSCHEN					
BADEN					
KÄMMEN					
MUNDPFELGE (ZAHNPFLEGE)					
RASIEREN					
DARM- UND BLASENENTLEERUNG					
WASSERLASSEN					
STUHLGANG					
RICHTEN DER KLEIDUNG					
WECHSELN DER WINDEL					
URIN-/ STOMBEUTEL WECHSEL					
MOBILITÄT					
ANKLEIDEN					
AUSKLEIDEN					
AUFSTEHEN/ZU BETT GEHEN					
GEHEN/BEWEGEN IM HAUS					
STEHEN					
TREPPENSTEIGEN					
VERLASSEN DER WOHNUNG					
WIEDERFINDEN DER WOHNUNG					
UMLAGERN					
HAUSWIRTSCHAFTLICHE VERSORGUNG					
KOCHEN					
REINIGUNG DER WOHNUNG					
EINKAUFEN					
SPÜLEN					
WÄSCHEWASCHEN					
BEHEIZEN DER WOHNUNG					
NOTIZEN					

PFLEGETAG:				DATUM: / /

ERFORDERLICHE HILFE BEI:	ZEITINTENSIVITÄT (IN MIN)				ANMERKUNGEN
	MORGENS	MITTAGS	ABENDS	NACHTS VON 22 BIS 6 UHR	
ERNÄHRUNG					
AUFNAHME DER NAHRUNG					
ZUBEREITUNG MUNDGERECHT					
KÖRPERPFLEGE					
WASCHEN					
GANZKÖRPERWÄSCHE					
TEILWÄSCHE					
DUSCHEN					
BADEN					
KÄMMEN					
MUNDPFELGE (ZAHNPFLEGE)					
RASIEREN					
DARM- UND BLASENENTLEERUNG					
WASSERLASSEN					
STUHLGANG					
RICHTEN DER KLEIDUNG					
WECHSELN DER WINDEL					
URIN-/ STOMBEUTEL WECHSEL					
MOBILITÄT					
ANKLEIDEN					
AUSKLEIDEN					
AUFSTEHEN/ZU BETT GEHEN					
GEHEN/BEWEGEN IM HAUS					
STEHEN					
TREPPENSTEIGEN					
VERLASSEN DER WOHNUNG					
WIEDERFINDEN DER WOHNUNG					
UMLAGERN					
HAUSWIRTSCHAFTLICHE VERSORGUNG					
KOCHEN					
REINIGUNG DER WOHNUNG					
EINKAUFEN					
SPÜLEN					
WÄSCHEWASCHEN					
BEHEIZEN DER WOHNUNG					
NOTIZEN					

PFLEGETAG: DATUM: / /

ERFORDERLICHE HILFE BEI:	ZEITINTENSIVITÄT (IN MIN)				ANMERKUNGEN
	MORGENS	MITTAGS	ABENDS	NACHTS VON 22 BIS 6 UHR	
ERNÄHRUNG					
AUFNAHME DER NAHRUNG					
ZUBEREITUNG MUNDGERECHT					
KÖRPERPFLEGE					
WASCHEN					
GANZKÖRPERWÄSCHE					
TEILWÄSCHE					
DUSCHEN					
BADEN					
KÄMMEN					
MUNDPFELGE (ZAHNPFLEGE)					
RASIEREN					
DARM- UND BLASENENTLEERUNG					
WASSERLASSEN					
STUHLGANG					
RICHTEN DER KLEIDUNG					
WECHSELN DER WINDEL					
URIN-/ STOMBEUTEL WECHSEL					
MOBILITÄT					
ANKLEIDEN					
AUSKLEIDEN					
AUFSTEHEN/ZU BETT GEHEN					
GEHEN/BEWEGEN IM HAUS					
STEHEN					
TREPPENSTEIGEN					
VERLASSEN DER WOHNUNG					
WIEDERFINDEN DER WOHNUNG					
UMLAGERN					
HAUSWIRTSCHAFTLICHE VERSORGUNG					
KOCHEN					
REINIGUNG DER WOHNUNG					
EINKAUFEN					
SPÜLEN					
WÄSCHEWASCHEN					
BEHEIZEN DER WOHNUNG					
NOTIZEN					

PFLEGETAG:					DATUM: / /

ERFORDERLICHE HILFE BEI:	ZEITINTENSIVITÄT (IN MIN)				ANMERKUNGEN
	MORGENS	MITTAGS	ABENDS	NACHTS VON 22 BIS 6 UHR	
ERNÄHRUNG					
AUFNAHME DER NAHRUNG					
ZUBEREITUNG MUNDGERECHT					
KÖRPERPFLEGE					
WASCHEN					
GANZKÖRPERWÄSCHE					
TEILWÄSCHE					
DUSCHEN					
BADEN					
KÄMMEN					
MUNDPFELGE (ZAHNPFLEGE)					
RASIEREN					
DARM- UND BLASENENTLEERUNG					
WASSERLASSEN					
STUHLGANG					
RICHTEN DER KLEIDUNG					
WECHSELN DER WINDEL					
URIN-/ STOMBEUTEL WECHSEL					
MOBILITÄT					
ANKLEIDEN					
AUSKLEIDEN					
AUFSTEHEN/ZU BETT GEHEN					
GEHEN/BEWEGEN IM HAUS					
STEHEN					
TREPPENSTEIGEN					
VERLASSEN DER WOHNUNG					
WIEDERFINDEN DER WOHNUNG					
UMLAGERN					
HAUSWIRTSCHAFTLICHE VERSORGUNG					
KOCHEN					
REINIGUNG DER WOHNUNG					
EINKAUFEN					
SPÜLEN					
WÄSCHEWASCHEN					
BEHEIZEN DER WOHNUNG					
NOTIZEN					

PFLEGETAG:

DATUM: / /

ERFORDERLICHE HILFE BEI:	ZEITINTENSIVITÄT (IN MIN)				ANMERKUNGEN
	MORGENS	MITTAGS	ABENDS	NACHTS VON 22 BIS 6 UHR	
ERNÄHRUNG					
AUFNAHME DER NAHRUNG					
ZUBEREITUNG MUNDGERECHT					
KÖRPERPFLEGE					
WASCHEN					
GANZKÖRPERWÄSCHE					
TEILWÄSCHE					
DUSCHEN					
BADEN					
KÄMMEN					
MUNDPFELGE (ZAHNPFLEGE)					
RASIEREN					
DARM- UND BLASENENTLEERUNG					
WASSERLASSEN					
STUHLGANG					
RICHTEN DER KLEIDUNG					
WECHSELN DER WINDEL					
URIN-/ STOMBEUTEL WECHSEL					
MOBILITÄT					
ANKLEIDEN					
AUSKLEIDEN					
AUFSTEHEN/ZU BETT GEHEN					
GEHEN/BEWEGEN IM HAUS					
STEHEN					
TREPPENSTEIGEN					
VERLASSEN DER WOHNUNG					
WIEDERFINDEN DER WOHNUNG					
UMLAGERN					
HAUSWIRTSCHAFTLICHE VERSORGUNG					
KOCHEN					
REINIGUNG DER WOHNUNG					
EINKAUFEN					
SPÜLEN					
WÄSCHEWASCHEN					
BEHEIZEN DER WOHNUNG					
NOTIZEN					

PFLEGETAG:					DATUM: / /

ERFORDERLICHE HILFE BEI:	ZEITINTENSIVITÄT (IN MIN)				ANMERKUNGEN
	MORGENS	MITTAGS	ABENDS	NACHTS VON 22 BIS 6 UHR	
ERNÄHRUNG					
AUFNAHME DER NAHRUNG					
ZUBEREITUNG MUNDGERECHT					
KÖRPERPFLEGE					
WASCHEN					
GANZKÖRPERWÄSCHE					
TEILWÄSCHE					
DUSCHEN					
BADEN					
KÄMMEN					
MUNDPFELGE (ZAHNPFLEGE)					
RASIEREN					
DARM- UND BLASENENTLEERUNG					
WASSERLASSEN					
STUHLGANG					
RICHTEN DER KLEIDUNG					
WECHSELN DER WINDEL					
URIN-/ STOMBEUTEL WECHSEL					
MOBILITÄT					
ANKLEIDEN					
AUSKLEIDEN					
AUFSTEHEN/ZU BETT GEHEN					
GEHEN/BEWEGEN IM HAUS					
STEHEN					
TREPPENSTEIGEN					
VERLASSEN DER WOHNUNG					
WIEDERFINDEN DER WOHNUNG					
UMLAGERN					
HAUSWIRTSCHAFTLICHE VERSORGUNG					
KOCHEN					
REINIGUNG DER WOHNUNG					
EINKAUFEN					
SPÜLEN					
WÄSCHEWASCHEN					
BEHEIZEN DER WOHNUNG					
NOTIZEN					

PFLEGETAG:

DATUM: / /

ERFORDERLICHE HILFE BEI:	ZEITINTENSIVITÄT (IN MIN)				ANMERKUNGEN
	MORGENS	MITTAGS	ABENDS	NACHTS VON 22 BIS 6 UHR	
ERNÄHRUNG					
AUFNAHME DER NAHRUNG					
ZUBEREITUNG MUNDGERECHT					
KÖRPERPFLEGE					
WASCHEN					
GANZKÖRPERWÄSCHE					
TEILWÄSCHE					
DUSCHEN					
BADEN					
KÄMMEN					
MUNDPFELGE (ZAHNPFLEGE)					
RASIEREN					
DARM- UND BLASENENTLEERUNG					
WASSERLASSEN					
STUHLGANG					
RICHTEN DER KLEIDUNG					
WECHSELN DER WINDEL					
URIN-/ STOMBEUTEL WECHSEL					
MOBILITÄT					
ANKLEIDEN					
AUSKLEIDEN					
AUFSTEHEN/ZU BETT GEHEN					
GEHEN/BEWEGEN IM HAUS					
STEHEN					
TREPPENSTEIGEN					
VERLASSEN DER WOHNUNG					
WIEDERFINDEN DER WOHNUNG					
UMLAGERN					
HAUSWIRTSCHAFTLICHE VERSORGUNG					
KOCHEN					
REINIGUNG DER WOHNUNG					
EINKAUFEN					
SPÜLEN					
WÄSCHEWASCHEN					
BEHEIZEN DER WOHNUNG					

NOTIZEN

PFLEGETAG:				DATUM: / /	

ERFORDERLICHE HILFE BEI:	ZEITINTENSIVITÄT (IN MIN)				ANMERKUNGEN
	MORGENS	MITTAGS	ABENDS	NACHTS VON 22 BIS 6 UHR	
ERNÄHRUNG					
AUFNAHME DER NAHRUNG					
ZUBEREITUNG MUNDGERECHT					
KÖRPERPFLEGE					
WASCHEN					
GANZKÖRPERWÄSCHE					
TEILWÄSCHE					
DUSCHEN					
BADEN					
KÄMMEN					
MUNDPFELGE (ZAHNPFLEGE)					
RASIEREN					
DARM- UND BLASENENTLEERUNG					
WASSERLASSEN					
STUHLGANG					
RICHTEN DER KLEIDUNG					
WECHSELN DER WINDEL					
URIN-/ STOMBEUTEL WECHSEL					
MOBILITÄT					
ANKLEIDEN					
AUSKLEIDEN					
AUFSTEHEN/ZU BETT GEHEN					
GEHEN/BEWEGEN IM HAUS					
STEHEN					
TREPPENSTEIGEN					
VERLASSEN DER WOHNUNG					
WIEDERFINDEN DER WOHNUNG					
UMLAGERN					
HAUSWIRTSCHAFTLICHE VERSORGUNG					
KOCHEN					
REINIGUNG DER WOHNUNG					
EINKAUFEN					
SPÜLEN					
WÄSCHEWASCHEN					
BEHEIZEN DER WOHNUNG					
NOTIZEN					

PFLEGETAG:				DATUM: / /

ERFORDERLICHE HILFE BEI:	ZEITINTENSIVITÄT (IN MIN)				ANMERKUNGEN
	MORGENS	MITTAGS	ABENDS	NACHTS VON 22 BIS 6 UHR	
ERNÄHRUNG					
AUFNAHME DER NAHRUNG					
ZUBEREITUNG MUNDGERECHT					
KÖRPERPFLEGE					
WASCHEN					
GANZKÖRPERWÄSCHE					
TEILWÄSCHE					
DUSCHEN					
BADEN					
KÄMMEN					
MUNDPFELGE (ZAHNPFLEGE)					
RASIEREN					
DARM- UND BLASENENTLEERUNG					
WASSERLASSEN					
STUHLGANG					
RICHTEN DER KLEIDUNG					
WECHSELN DER WINDEL					
URIN-/ STOMBEUTEL WECHSEL					
MOBILITÄT					
ANKLEIDEN					
AUSKLEIDEN					
AUFSTEHEN/ZU BETT GEHEN					
GEHEN/BEWEGEN IM HAUS					
STEHEN					
TREPPENSTEIGEN					
VERLASSEN DER WOHNUNG					
WIEDERFINDEN DER WOHNUNG					
UMLAGERN					
HAUSWIRTSCHAFTLICHE VERSORGUNG					
KOCHEN					
REINIGUNG DER WOHNUNG					
EINKAUFEN					
SPÜLEN					
WÄSCHEWASCHEN					
BEHEIZEN DER WOHNUNG					
NOTIZEN					

PFLEGETAG:					DATUM: / /

ERFORDERLICHE HILFE BEI:	ZEITINTENSIVITÄT (IN MIN)				ANMERKUNGEN
	MORGENS	MITTAGS	ABENDS	NACHTS VON 22 BIS 6 UHR	
ERNÄHRUNG					
AUFNAHME DER NAHRUNG					
ZUBEREITUNG MUNDGERECHT					
KÖRPERPFLEGE					
WASCHEN					
GANZKÖRPERWÄSCHE					
TEILWÄSCHE					
DUSCHEN					
BADEN					
KÄMMEN					
MUNDPFELGE (ZAHNPFLEGE)					
RASIEREN					
DARM- UND BLASENENTLEERUNG					
WASSERLASSEN					
STUHLGANG					
RICHTEN DER KLEIDUNG					
WECHSELN DER WINDEL					
URIN-/ STOMBEUTEL WECHSEL					
MOBILITÄT					
ANKLEIDEN					
AUSKLEIDEN					
AUFSTEHEN/ZU BETT GEHEN					
GEHEN/BEWEGEN IM HAUS					
STEHEN					
TREPPENSTEIGEN					
VERLASSEN DER WOHNUNG					
WIEDERFINDEN DER WOHNUNG					
UMLAGERN					
HAUSWIRTSCHAFTLICHE VERSORGUNG					
KOCHEN					
REINIGUNG DER WOHNUNG					
EINKAUFEN					
SPÜLEN					
WÄSCHEWASCHEN					
BEHEIZEN DER WOHNUNG					
NOTIZEN					

PFLEGETAG:					DATUM: / /

ERFORDERLICHE HILFE BEI:	ZEITINTENSIVITÄT (IN MIN)				ANMERKUNGEN
	MORGENS	MITTAGS	ABENDS	NACHTS VON 22 BIS 6 UHR	
ERNÄHRUNG					
AUFNAHME DER NAHRUNG					
ZUBEREITUNG MUNDGERECHT					
KÖRPERPFLEGE					
WASCHEN					
GANZKÖRPERWÄSCHE					
TEILWÄSCHE					
DUSCHEN					
BADEN					
KÄMMEN					
MUNDPFELGE (ZAHNPFLEGE)					
RASIEREN					
DARM- UND BLASENENTLEERUNG					
WASSERLASSEN					
STUHLGANG					
RICHTEN DER KLEIDUNG					
WECHSELN DER WINDEL					
URIN-/ STOMBEUTEL WECHSEL					
MOBILITÄT					
ANKLEIDEN					
AUSKLEIDEN					
AUFSTEHEN/ZU BETT GEHEN					
GEHEN/BEWEGEN IM HAUS					
STEHEN					
TREPPENSTEIGEN					
VERLASSEN DER WOHNUNG					
WIEDERFINDEN DER WOHNUNG					
UMLAGERN					
HAUSWIRTSCHAFTLICHE VERSORGUNG					
KOCHEN					
REINIGUNG DER WOHNUNG					
EINKAUFEN					
SPÜLEN					
WÄSCHEWASCHEN					
BEHEIZEN DER WOHNUNG					
NOTIZEN					

PFLEGETAG:					DATUM: / /

ERFORDERLICHE HILFE BEI:	ZEITINTENSIVITÄT (IN MIN)				ANMERKUNGEN
	MORGENS	MITTAGS	ABENDS	NACHTS VON 22 BIS 6 UHR	
ERNÄHRUNG					
AUFNAHME DER NAHRUNG					
ZUBEREITUNG MUNDGERECHT					
KÖRPERPFLEGE					
WASCHEN					
GANZKÖRPERWÄSCHE					
TEILWÄSCHE					
DUSCHEN					
BADEN					
KÄMMEN					
MUNDPFELGE (ZAHNPFLEGE)					
RASIEREN					
DARM- UND BLASENENTLEERUNG					
WASSERLASSEN					
STUHLGANG					
RICHTEN DER KLEIDUNG					
WECHSELN DER WINDEL					
URIN-/ STOMBEUTEL WECHSEL					
MOBILITÄT					
ANKLEIDEN					
AUSKLEIDEN					
AUFSTEHEN/ZU BETT GEHEN					
GEHEN/BEWEGEN IM HAUS					
STEHEN					
TREPPENSTEIGEN					
VERLASSEN DER WOHNUNG					
WIEDERFINDEN DER WOHNUNG					
UMLAGERN					
HAUSWIRTSCHAFTLICHE VERSORGUNG					
KOCHEN					
REINIGUNG DER WOHNUNG					
EINKAUFEN					
SPÜLEN					
WÄSCHEWASCHEN					
BEHEIZEN DER WOHNUNG					
NOTIZEN					

PFLEGETAG:				DATUM: / /

ERFORDERLICHE HILFE BEI:	ZEITINTENSIVITÄT (IN MIN)				ANMERKUNGEN
	MORGENS	MITTAGS	ABENDS	NACHTS VON 22 BIS 6 UHR	
ERNÄHRUNG					
AUFNAHME DER NAHRUNG					
ZUBEREITUNG MUNDGERECHT					
KÖRPERPFLEGE					
WASCHEN					
GANZKÖRPERWÄSCHE					
TEILWÄSCHE					
DUSCHEN					
BADEN					
KÄMMEN					
MUNDPFELGE (ZAHNPFLEGE)					
RASIEREN					
DARM- UND BLASENENTLEERUNG					
WASSERLASSEN					
STUHLGANG					
RICHTEN DER KLEIDUNG					
WECHSELN DER WINDEL					
URIN-/ STOMBEUTEL WECHSEL					
MOBILITÄT					
ANKLEIDEN					
AUSKLEIDEN					
AUFSTEHEN/ZU BETT GEHEN					
GEHEN/BEWEGEN IM HAUS					
STEHEN					
TREPPENSTEIGEN					
VERLASSEN DER WOHNUNG					
WIEDERFINDEN DER WOHNUNG					
UMLAGERN					
HAUSWIRTSCHAFTLICHE VERSORGUNG					
KOCHEN					
REINIGUNG DER WOHNUNG					
EINKAUFEN					
SPÜLEN					
WÄSCHEWASCHEN					
BEHEIZEN DER WOHNUNG					
NOTIZEN					

PFLEGETAG:				DATUM: / /

ERFORDERLICHE HILFE BEI:	ZEITINTENSIVITÄT (IN MIN)				ANMERKUNGEN
	MORGENS	MITTAGS	ABENDS	NACHTS VON 22 BIS 6 UHR	
ERNÄHRUNG					
AUFNAHME DER NAHRUNG					
ZUBEREITUNG MUNDGERECHT					
KÖRPERPFLEGE					
WASCHEN					
GANZKÖRPERWÄSCHE					
TEILWÄSCHE					
DUSCHEN					
BADEN					
KÄMMEN					
MUNDPFELGE (ZAHNPFLEGE)					
RASIEREN					
DARM- UND BLASENENTLEERUNG					
WASSERLASSEN					
STUHLGANG					
RICHTEN DER KLEIDUNG					
WECHSELN DER WINDEL					
URIN-/ STOMBEUTEL WECHSEL					
MOBILITÄT					
ANKLEIDEN					
AUSKLEIDEN					
AUFSTEHEN/ZU BETT GEHEN					
GEHEN/BEWEGEN IM HAUS					
STEHEN					
TREPPENSTEIGEN					
VERLASSEN DER WOHNUNG					
WIEDERFINDEN DER WOHNUNG					
UMLAGERN					
HAUSWIRTSCHAFTLICHE VERSORGUNG					
KOCHEN					
REINIGUNG DER WOHNUNG					
EINKAUFEN					
SPÜLEN					
WÄSCHEWASCHEN					
BEHEIZEN DER WOHNUNG					
NOTIZEN					

PFLEGETAG:				DATUM: / /

ERFORDERLICHE HILFE BEI:	ZEITINTENSIVITÄT (IN MIN)				ANMERKUNGEN
	MORGENS	MITTAGS	ABENDS	NACHTS VON 22 BIS 6 UHR	
ERNÄHRUNG					
AUFNAHME DER NAHRUNG					
ZUBEREITUNG MUNDGERECHT					
KÖRPERPFLEGE					
WASCHEN					
GANZKÖRPERWÄSCHE					
TEILWÄSCHE					
DUSCHEN					
BADEN					
KÄMMEN					
MUNDPFELGE (ZAHNPFLEGE)					
RASIEREN					
DARM- UND BLASENENTLEERUNG					
WASSERLASSEN					
STUHLGANG					
RICHTEN DER KLEIDUNG					
WECHSELN DER WINDEL					
URIN-/ STOMBEUTEL WECHSEL					
MOBILITÄT					
ANKLEIDEN					
AUSKLEIDEN					
AUFSTEHEN/ZU BETT GEHEN					
GEHEN/BEWEGEN IM HAUS					
STEHEN					
TREPPENSTEIGEN					
VERLASSEN DER WOHNUNG					
WIEDERFINDEN DER WOHNUNG					
UMLAGERN					
HAUSWIRTSCHAFTLICHE VERSORGUNG					
KOCHEN					
REINIGUNG DER WOHNUNG					
EINKAUFEN					
SPÜLEN					
WÄSCHEWASCHEN					
BEHEIZEN DER WOHNUNG					
NOTIZEN					

PFLEGETAG:				DATUM: / /

ERFORDERLICHE HILFE BEI:	ZEITINTENSIVITÄT (IN MIN)				ANMERKUNGEN
	MORGENS	MITTAGS	ABENDS	NACHTS VON 22 BIS 6 UHR	
ERNÄHRUNG					
AUFNAHME DER NAHRUNG					
ZUBEREITUNG MUNDGERECHT					
KÖRPERPFLEGE					
WASCHEN					
GANZKÖRPERWÄSCHE					
TEILWÄSCHE					
DUSCHEN					
BADEN					
KÄMMEN					
MUNDPFELGE (ZAHNPFLEGE)					
RASIEREN					
DARM- UND BLASENENTLEERUNG					
WASSERLASSEN					
STUHLGANG					
RICHTEN DER KLEIDUNG					
WECHSELN DER WINDEL					
URIN-/ STOMBEUTEL WECHSEL					
MOBILITÄT					
ANKLEIDEN					
AUSKLEIDEN					
AUFSTEHEN/ZU BETT GEHEN					
GEHEN/BEWEGEN IM HAUS					
STEHEN					
TREPPENSTEIGEN					
VERLASSEN DER WOHNUNG					
WIEDERFINDEN DER WOHNUNG					
UMLAGERN					
HAUSWIRTSCHAFTLICHE VERSORGUNG					
KOCHEN					
REINIGUNG DER WOHNUNG					
EINKAUFEN					
SPÜLEN					
WÄSCHEWASCHEN					
BEHEIZEN DER WOHNUNG					
NOTIZEN					

PFLEGETAG:					DATUM: / /

ERFORDERLICHE HILFE BEI:	ZEITINTENSIVITÄT (IN MIN)				ANMERKUNGEN
	MORGENS	MITTAGS	ABENDS	NACHTS VON 22 BIS 6 UHR	
ERNÄHRUNG					
AUFNAHME DER NAHRUNG					
ZUBEREITUNG MUNDGERECHT					
KÖRPERPFLEGE					
WASCHEN					
GANZKÖRPERWÄSCHE					
TEILWÄSCHE					
DUSCHEN					
BADEN					
KÄMMEN					
MUNDPFELGE (ZAHNPFLEGE)					
RASIEREN					
DARM- UND BLASENENTLEERUNG					
WASSERLASSEN					
STUHLGANG					
RICHTEN DER KLEIDUNG					
WECHSELN DER WINDEL					
URIN-/ STOMBEUTEL WECHSEL					
MOBILITÄT					
ANKLEIDEN					
AUSKLEIDEN					
AUFSTEHEN/ZU BETT GEHEN					
GEHEN/BEWEGEN IM HAUS					
STEHEN					
TREPPENSTEIGEN					
VERLASSEN DER WOHNUNG					
WIEDERFINDEN DER WOHNUNG					
UMLAGERN					
HAUSWIRTSCHAFTLICHE VERSORGUNG					
KOCHEN					
REINIGUNG DER WOHNUNG					
EINKAUFEN					
SPÜLEN					
WÄSCHEWASCHEN					
BEHEIZEN DER WOHNUNG					
NOTIZEN					

| PFLEGETAG: | | | | DATUM: / / | |

ERFORDERLICHE HILFE BEI:	ZEITINTENSIVITÄT (IN MIN)				ANMERKUNGEN
	MORGENS	MITTAGS	ABENDS	NACHTS VON 22 BIS 6 UHR	
ERNÄHRUNG					
AUFNAHME DER NAHRUNG					
ZUBEREITUNG MUNDGERECHT					
KÖRPERPFLEGE					
WASCHEN					
GANZKÖRPERWÄSCHE					
TEILWÄSCHE					
DUSCHEN					
BADEN					
KÄMMEN					
MUNDPFELGE (ZAHNPFLEGE)					
RASIEREN					
DARM- UND BLASENENTLEERUNG					
WASSERLASSEN					
STUHLGANG					
RICHTEN DER KLEIDUNG					
WECHSELN DER WINDEL					
URIN-/ STOMBEUTEL WECHSEL					
MOBILITÄT					
ANKLEIDEN					
AUSKLEIDEN					
AUFSTEHEN/ZU BETT GEHEN					
GEHEN/BEWEGEN IM HAUS					
STEHEN					
TREPPENSTEIGEN					
VERLASSEN DER WOHNUNG					
WIEDERFINDEN DER WOHNUNG					
UMLAGERN					
HAUSWIRTSCHAFTLICHE VERSORGUNG					
KOCHEN					
REINIGUNG DER WOHNUNG					
EINKAUFEN					
SPÜLEN					
WÄSCHEWASCHEN					
BEHEIZEN DER WOHNUNG					
NOTIZEN					

PFLEGETAG:				DATUM: / /

ERFORDERLICHE HILFE BEI:	ZEITINTENSIVITÄT (IN MIN)				ANMERKUNGEN
	MORGENS	MITTAGS	ABENDS	NACHTS VON 22 BIS 6 UHR	
ERNÄHRUNG					
AUFNAHME DER NAHRUNG					
ZUBEREITUNG MUNDGERECHT					
KÖRPERPFLEGE					
WASCHEN					
GANZKÖRPERWÄSCHE					
TEILWÄSCHE					
DUSCHEN					
BADEN					
KÄMMEN					
MUNDPFELGE (ZAHNPFLEGE)					
RASIEREN					
DARM- UND BLASENENTLEERUNG					
WASSERLASSEN					
STUHLGANG					
RICHTEN DER KLEIDUNG					
WECHSELN DER WINDEL					
URIN-/ STOMBEUTEL WECHSEL					
MOBILITÄT					
ANKLEIDEN					
AUSKLEIDEN					
AUFSTEHEN/ZU BETT GEHEN					
GEHEN/BEWEGEN IM HAUS					
STEHEN					
TREPPENSTEIGEN					
VERLASSEN DER WOHNUNG					
WIEDERFINDEN DER WOHNUNG					
UMLAGERN					
HAUSWIRTSCHAFTLICHE VERSORGUNG					
KOCHEN					
REINIGUNG DER WOHNUNG					
EINKAUFEN					
SPÜLEN					
WÄSCHEWASCHEN					
BEHEIZEN DER WOHNUNG					
NOTIZEN					

PFLEGETAG:				DATUM: / /

ERFORDERLICHE HILFE BEI:	ZEITINTENSIVITÄT (IN MIN)				ANMERKUNGEN
	MORGENS	MITTAGS	ABENDS	NACHTS VON 22 BIS 6 UHR	
ERNÄHRUNG					
AUFNAHME DER NAHRUNG					
ZUBEREITUNG MUNDGERECHT					
KÖRPERPFLEGE					
WASCHEN					
GANZKÖRPERWÄSCHE					
TEILWÄSCHE					
DUSCHEN					
BADEN					
KÄMMEN					
MUNDPFELGE (ZAHNPFLEGE)					
RASIEREN					
DARM- UND BLASENENTLEERUNG					
WASSERLASSEN					
STUHLGANG					
RICHTEN DER KLEIDUNG					
WECHSELN DER WINDEL					
URIN-/ STOMBEUTEL WECHSEL					
MOBILITÄT					
ANKLEIDEN					
AUSKLEIDEN					
AUFSTEHEN/ZU BETT GEHEN					
GEHEN/BEWEGEN IM HAUS					
STEHEN					
TREPPENSTEIGEN					
VERLASSEN DER WOHNUNG					
WIEDERFINDEN DER WOHNUNG					
UMLAGERN					
HAUSWIRTSCHAFTLICHE VERSORGUNG					
KOCHEN					
REINIGUNG DER WOHNUNG					
EINKAUFEN					
SPÜLEN					
WÄSCHEWASCHEN					
BEHEIZEN DER WOHNUNG					
NOTIZEN					

PFLEGETAG:				DATUM: / /

ERFORDERLICHE HILFE BEI:	ZEITINTENSIVITÄT (IN MIN)				ANMERKUNGEN
	MORGENS	MITTAGS	ABENDS	NACHTS VON 22 BIS 6 UHR	
ERNÄHRUNG					
AUFNAHME DER NAHRUNG					
ZUBEREITUNG MUNDGERECHT					
KÖRPERPFLEGE					
WASCHEN					
GANZKÖRPERWÄSCHE					
TEILWÄSCHE					
DUSCHEN					
BADEN					
KÄMMEN					
MUNDPFELGE (ZAHNPFLEGE)					
RASIEREN					
DARM- UND BLASENENTLEERUNG					
WASSERLASSEN					
STUHLGANG					
RICHTEN DER KLEIDUNG					
WECHSELN DER WINDEL					
URIN-/ STOMBEUTEL WECHSEL					
MOBILITÄT					
ANKLEIDEN					
AUSKLEIDEN					
AUFSTEHEN/ZU BETT GEHEN					
GEHEN/BEWEGEN IM HAUS					
STEHEN					
TREPPENSTEIGEN					
VERLASSEN DER WOHNUNG					
WIEDERFINDEN DER WOHNUNG					
UMLAGERN					
HAUSWIRTSCHAFTLICHE VERSORGUNG					
KOCHEN					
REINIGUNG DER WOHNUNG					
EINKAUFEN					
SPÜLEN					
WÄSCHEWASCHEN					
BEHEIZEN DER WOHNUNG					
NOTIZEN					

| PFLEGETAG: | | | | DATUM: / / |

PFLEGETAG: DATUM: / /

ERFORDERLICHE HILFE BEI:	ZEITINTENSIVITÄT (IN MIN)				ANMERKUNGEN
	MORGENS	MITTAGS	ABENDS	NACHTS VON 22 BIS 6 UHR	
ERNÄHRUNG					
AUFNAHME DER NAHRUNG					
ZUBEREITUNG MUNDGERECHT					
KÖRPERPFLEGE					
WASCHEN					
GANZKÖRPERWÄSCHE					
TEILWÄSCHE					
DUSCHEN					
BADEN					
KÄMMEN					
MUNDPFELGE (ZAHNPFLEGE)					
RASIEREN					
DARM- UND BLASENENTLEERUNG					
WASSERLASSEN					
STUHLGANG					
RICHTEN DER KLEIDUNG					
WECHSELN DER WINDEL					
URIN-/ STOMBEUTEL WECHSEL					
MOBILITÄT					
ANKLEIDEN					
AUSKLEIDEN					
AUFSTEHEN/ZU BETT GEHEN					
GEHEN/BEWEGEN IM HAUS					
STEHEN					
TREPPENSTEIGEN					
VERLASSEN DER WOHNUNG					
WIEDERFINDEN DER WOHNUNG					
UMLAGERN					
HAUSWIRTSCHAFTLICHE VERSORGUNG					
KOCHEN					
REINIGUNG DER WOHNUNG					
EINKAUFEN					
SPÜLEN					
WÄSCHEWASCHEN					
BEHEIZEN DER WOHNUNG					
NOTIZEN					

PFLEGETAG:

DATUM: / /

ERFORDERLICHE HILFE BEI:	ZEITINTENSIVITÄT (IN MIN)				ANMERKUNGEN
	MORGENS	MITTAGS	ABENDS	NACHTS VON 22 BIS 6 UHR	
ERNÄHRUNG					
AUFNAHME DER NAHRUNG					
ZUBEREITUNG MUNDGERECHT					
KÖRPERPFLEGE					
WASCHEN					
GANZKÖRPERWÄSCHE					
TEILWÄSCHE					
DUSCHEN					
BADEN					
KÄMMEN					
MUNDPFELGE (ZAHNPFLEGE)					
RASIEREN					
DARM- UND BLASENENTLEERUNG					
WASSERLASSEN					
STUHLGANG					
RICHTEN DER KLEIDUNG					
WECHSELN DER WINDEL					
URIN-/ STOMBEUTEL WECHSEL					
MOBILITÄT					
ANKLEIDEN					
AUSKLEIDEN					
AUFSTEHEN/ZU BETT GEHEN					
GEHEN/BEWEGEN IM HAUS					
STEHEN					
TREPPENSTEIGEN					
VERLASSEN DER WOHNUNG					
WIEDERFINDEN DER WOHNUNG					
UMLAGERN					
HAUSWIRTSCHAFTLICHE VERSORGUNG					
KOCHEN					
REINIGUNG DER WOHNUNG					
EINKAUFEN					
SPÜLEN					
WÄSCHEWASCHEN					
BEHEIZEN DER WOHNUNG					
NOTIZEN					

PFLEGETAG:				DATUM: / /

ERFORDERLICHE HILFE BEI:	ZEITINTENSIVITÄT (IN MIN)				ANMERKUNGEN
	MORGENS	MITTAGS	ABENDS	NACHTS VON 22 BIS 6 UHR	
ERNÄHRUNG					
AUFNAHME DER NAHRUNG					
ZUBEREITUNG MUNDGERECHT					
KÖRPERPFLEGE					
WASCHEN					
GANZKÖRPERWÄSCHE					
TEILWÄSCHE					
DUSCHEN					
BADEN					
KÄMMEN					
MUNDPFELGE (ZAHNPFLEGE)					
RASIEREN					
DARM- UND BLASENENTLEERUNG					
WASSERLASSEN					
STUHLGANG					
RICHTEN DER KLEIDUNG					
WECHSELN DER WINDEL					
URIN-/ STOMBEUTEL WECHSEL					
MOBILITÄT					
ANKLEIDEN					
AUSKLEIDEN					
AUFSTEHEN/ZU BETT GEHEN					
GEHEN/BEWEGEN IM HAUS					
STEHEN					
TREPPENSTEIGEN					
VERLASSEN DER WOHNUNG					
WIEDERFINDEN DER WOHNUNG					
UMLAGERN					
HAUSWIRTSCHAFTLICHE VERSORGUNG					
KOCHEN					
REINIGUNG DER WOHNUNG					
EINKAUFEN					
SPÜLEN					
WÄSCHEWASCHEN					
BEHEIZEN DER WOHNUNG					
NOTIZEN					

PFLEGETAG:				DATUM: / /

ERFORDERLICHE HILFE BEI:	ZEITINTENSIVITÄT (IN MIN)				ANMERKUNGEN
	MORGENS	MITTAGS	ABENDS	NACHTS VON 22 BIS 6 UHR	
ERNÄHRUNG					
AUFNAHME DER NAHRUNG					
ZUBEREITUNG MUNDGERECHT					
KÖRPERPFLEGE					
WASCHEN					
GANZKÖRPERWÄSCHE					
TEILWÄSCHE					
DUSCHEN					
BADEN					
KÄMMEN					
MUNDPFELGE (ZAHNPFLEGE)					
RASIEREN					
DARM- UND BLASENENTLEERUNG					
WASSERLASSEN					
STUHLGANG					
RICHTEN DER KLEIDUNG					
WECHSELN DER WINDEL					
URIN-/ STOMBEUTEL WECHSEL					
MOBILITÄT					
ANKLEIDEN					
AUSKLEIDEN					
AUFSTEHEN/ZU BETT GEHEN					
GEHEN/BEWEGEN IM HAUS					
STEHEN					
TREPPENSTEIGEN					
VERLASSEN DER WOHNUNG					
WIEDERFINDEN DER WOHNUNG					
UMLAGERN					
HAUSWIRTSCHAFTLICHE VERSORGUNG					
KOCHEN					
REINIGUNG DER WOHNUNG					
EINKAUFEN					
SPÜLEN					
WÄSCHEWASCHEN					
BEHEIZEN DER WOHNUNG					
NOTIZEN					

PFLEGETAG:				DATUM: / /

ERFORDERLICHE HILFE BEI:	ZEITINTENSIVITÄT (IN MIN)				ANMERKUNGEN
	MORGENS	MITTAGS	ABENDS	NACHTS VON 22 BIS 6 UHR	
ERNÄHRUNG					
AUFNAHME DER NAHRUNG					
ZUBEREITUNG MUNDGERECHT					
KÖRPERPFLEGE					
WASCHEN					
GANZKÖRPERWÄSCHE					
TEILWÄSCHE					
DUSCHEN					
BADEN					
KÄMMEN					
MUNDPFELGE (ZAHNPFLEGE)					
RASIEREN					
DARM- UND BLASENENTLEERUNG					
WASSERLASSEN					
STUHLGANG					
RICHTEN DER KLEIDUNG					
WECHSELN DER WINDEL					
URIN-/ STOMBEUTEL WECHSEL					
MOBILITÄT					
ANKLEIDEN					
AUSKLEIDEN					
AUFSTEHEN/ZU BETT GEHEN					
GEHEN/BEWEGEN IM HAUS					
STEHEN					
TREPPENSTEIGEN					
VERLASSEN DER WOHNUNG					
WIEDERFINDEN DER WOHNUNG					
UMLAGERN					
HAUSWIRTSCHAFTLICHE VERSORGUNG					
KOCHEN					
REINIGUNG DER WOHNUNG					
EINKAUFEN					
SPÜLEN					
WÄSCHEWASCHEN					
BEHEIZEN DER WOHNUNG					
NOTIZEN					

PFLEGETAG:				DATUM: / /

ERFORDERLICHE HILFE BEI:	ZEITINTENSIVITÄT (IN MIN)				ANMERKUNGEN
	MORGENS	MITTAGS	ABENDS	NACHTS VON 22 BIS 6 UHR	
ERNÄHRUNG					
AUFNAHME DER NAHRUNG					
ZUBEREITUNG MUNDGERECHT					
KÖRPERPFLEGE					
WASCHEN					
GANZKÖRPERWÄSCHE					
TEILWÄSCHE					
DUSCHEN					
BADEN					
KÄMMEN					
MUNDPFELGE (ZAHNPFLEGE)					
RASIEREN					
DARM- UND BLASENENTLEERUNG					
WASSERLASSEN					
STUHLGANG					
RICHTEN DER KLEIDUNG					
WECHSELN DER WINDEL					
URIN-/ STOMBEUTEL WECHSEL					
MOBILITÄT					
ANKLEIDEN					
AUSKLEIDEN					
AUFSTEHEN/ZU BETT GEHEN					
GEHEN/BEWEGEN IM HAUS					
STEHEN					
TREPPENSTEIGEN					
VERLASSEN DER WOHNUNG					
WIEDERFINDEN DER WOHNUNG					
UMLAGERN					
HAUSWIRTSCHAFTLICHE VERSORGUNG					
KOCHEN					
REINIGUNG DER WOHNUNG					
EINKAUFEN					
SPÜLEN					
WÄSCHEWASCHEN					
BEHEIZEN DER WOHNUNG					
NOTIZEN					

PFLEGETAG:

DATUM: / /

ERFORDERLICHE HILFE BEI:	ZEITINTENSIVITÄT (IN MIN)				ANMERKUNGEN
	MORGENS	MITTAGS	ABENDS	NACHTS VON 22 BIS 6 UHR	
ERNÄHRUNG					
AUFNAHME DER NAHRUNG					
ZUBEREITUNG MUNDGERECHT					
KÖRPERPFLEGE					
WASCHEN					
GANZKÖRPERWÄSCHE					
TEILWÄSCHE					
DUSCHEN					
BADEN					
KÄMMEN					
MUNDPFELGE (ZAHNPFLEGE)					
RASIEREN					
DARM- UND BLASENENTLEERUNG					
WASSERLASSEN					
STUHLGANG					
RICHTEN DER KLEIDUNG					
WECHSELN DER WINDEL					
URIN-/ STOMBEUTEL WECHSEL					
MOBILITÄT					
ANKLEIDEN					
AUSKLEIDEN					
AUFSTEHEN/ZU BETT GEHEN					
GEHEN/BEWEGEN IM HAUS					
STEHEN					
TREPPENSTEIGEN					
VERLASSEN DER WOHNUNG					
WIEDERFINDEN DER WOHNUNG					
UMLAGERN					
HAUSWIRTSCHAFTLICHE VERSORGUNG					
KOCHEN					
REINIGUNG DER WOHNUNG					
EINKAUFEN					
SPÜLEN					
WÄSCHEWASCHEN					
BEHEIZEN DER WOHNUNG					
NOTIZEN					

PFLEGETAG:	DATUM: / /

ERFORDERLICHE HILFE BEI:	ZEITINTENSIVITÄT (IN MIN)				ANMERKUNGEN
	MORGENS	MITTAGS	ABENDS	NACHTS VON 22 BIS 6 UHR	
ERNÄHRUNG					
AUFNAHME DER NAHRUNG					
ZUBEREITUNG MUNDGERECHT					
KÖRPERPFLEGE					
WASCHEN					
GANZKÖRPERWÄSCHE					
TEILWÄSCHE					
DUSCHEN					
BADEN					
KÄMMEN					
MUNDPFELGE (ZAHNPFLEGE)					
RASIEREN					
DARM- UND BLASENENTLEERUNG					
WASSERLASSEN					
STUHLGANG					
RICHTEN DER KLEIDUNG					
WECHSELN DER WINDEL					
URIN-/ STOMBEUTEL WECHSEL					
MOBILITÄT					
ANKLEIDEN					
AUSKLEIDEN					
AUFSTEHEN/ZU BETT GEHEN					
GEHEN/BEWEGEN IM HAUS					
STEHEN					
TREPPENSTEIGEN					
VERLASSEN DER WOHNUNG					
WIEDERFINDEN DER WOHNUNG					
UMLAGERN					
HAUSWIRTSCHAFTLICHE VERSORGUNG					
KOCHEN					
REINIGUNG DER WOHNUNG					
EINKAUFEN					
SPÜLEN					
WÄSCHEWASCHEN					
BEHEIZEN DER WOHNUNG					
NOTIZEN					

PFLEGETAG:					DATUM: / /

ERFORDERLICHE HILFE BEI:	ZEITINTENSIVITÄT (IN MIN)				ANMERKUNGEN
	MORGENS	MITTAGS	ABENDS	NACHTS VON 22 BIS 6 UHR	
ERNÄHRUNG					
AUFNAHME DER NAHRUNG					
ZUBEREITUNG MUNDGERECHT					
KÖRPERPFLEGE					
WASCHEN					
GANZKÖRPERWÄSCHE					
TEILWÄSCHE					
DUSCHEN					
BADEN					
KÄMMEN					
MUNDPFELGE (ZAHNPFLEGE)					
RASIEREN					
DARM- UND BLASENENTLEERUNG					
WASSERLASSEN					
STUHLGANG					
RICHTEN DER KLEIDUNG					
WECHSELN DER WINDEL					
URIN-/ STOMBEUTEL WECHSEL					
MOBILITÄT					
ANKLEIDEN					
AUSKLEIDEN					
AUFSTEHEN/ZU BETT GEHEN					
GEHEN/BEWEGEN IM HAUS					
STEHEN					
TREPPENSTEIGEN					
VERLASSEN DER WOHNUNG					
WIEDERFINDEN DER WOHNUNG					
UMLAGERN					
HAUSWIRTSCHAFTLICHE VERSORGUNG					
KOCHEN					
REINIGUNG DER WOHNUNG					
EINKAUFEN					
SPÜLEN					
WÄSCHEWASCHEN					
BEHEIZEN DER WOHNUNG					
NOTIZEN					

PFLEGETAG:				DATUM: / /

ERFORDERLICHE HILFE BEI:	ZEITINTENSIVITÄT (IN MIN)				ANMERKUNGEN
	MORGENS	MITTAGS	ABENDS	NACHTS VON 22 BIS 6 UHR	
ERNÄHRUNG					
AUFNAHME DER NAHRUNG					
ZUBEREITUNG MUNDGERECHT					
KÖRPERPFLEGE					
WASCHEN					
GANZKÖRPERWÄSCHE					
TEILWÄSCHE					
DUSCHEN					
BADEN					
KÄMMEN					
MUNDPFELGE (ZAHNPFLEGE)					
RASIEREN					
DARM- UND BLASENENTLEERUNG					
WASSERLASSEN					
STUHLGANG					
RICHTEN DER KLEIDUNG					
WECHSELN DER WINDEL					
URIN-/ STOMBEUTEL WECHSEL					
MOBILITÄT					
ANKLEIDEN					
AUSKLEIDEN					
AUFSTEHEN/ZU BETT GEHEN					
GEHEN/BEWEGEN IM HAUS					
STEHEN					
TREPPENSTEIGEN					
VERLASSEN DER WOHNUNG					
WIEDERFINDEN DER WOHNUNG					
UMLAGERN					
HAUSWIRTSCHAFTLICHE VERSORGUNG					
KOCHEN					
REINIGUNG DER WOHNUNG					
EINKAUFEN					
SPÜLEN					
WÄSCHEWASCHEN					
BEHEIZEN DER WOHNUNG					
NOTIZEN					

PFLEGETAG:	DATUM:	/	/

ERFORDERLICHE HILFE BEI:	ZEITINTENSITÄT (IN MIN)				ANMERKUNGEN
	MORGENS	MITTAGS	ABENDS	NACHTS VON 22 BIS 6 UHR	
ERNÄHRUNG					
AUFNAHME DER NAHRUNG					
ZUBEREITUNG MUNDGERECHT					
KÖRPERPFLEGE					
WASCHEN					
GANZKÖRPERWÄSCHE					
TEILWÄSCHE					
DUSCHEN					
BADEN					
KÄMMEN					
MUNDPFELGE (ZAHNPFLEGE)					
RASIEREN					
DARM- UND BLASENENTLEERUNG					
WASSERLASSEN					
STUHLGANG					
RICHTEN DER KLEIDUNG					
WECHSELN DER WINDEL					
URIN-/ STOMBEUTEL WECHSEL					
MOBILITÄT					
ANKLEIDEN					
AUSKLEIDEN					
AUFSTEHEN/ZU BETT GEHEN					
GEHEN/BEWEGEN IM HAUS					
STEHEN					
TREPPENSTEIGEN					
VERLASSEN DER WOHNUNG					
WIEDERFINDEN DER WOHNUNG					
UMLAGERN					
HAUSWIRTSCHAFTLICHE VERSORGUNG					
KOCHEN					
REINIGUNG DER WOHNUNG					
EINKAUFEN					
SPÜLEN					
WÄSCHEWASCHEN					
BEHEIZEN DER WOHNUNG					
NOTIZEN					

PFLEGETAG:					DATUM: / /

ERFORDERLICHE HILFE BEI:	ZEITINTENSIVITÄT (IN MIN)				ANMERKUNGEN
	MORGENS	MITTAGS	ABENDS	NACHTS VON 22 BIS 6 UHR	
ERNÄHRUNG					
AUFNAHME DER NAHRUNG					
ZUBEREITUNG MUNDGERECHT					
KÖRPERPFLEGE					
WASCHEN					
GANZKÖRPERWÄSCHE					
TEILWÄSCHE					
DUSCHEN					
BADEN					
KÄMMEN					
MUNDPFELGE (ZAHNPFLEGE)					
RASIEREN					
DARM- UND BLASENENTLEERUNG					
WASSERLASSEN					
STUHLGANG					
RICHTEN DER KLEIDUNG					
WECHSELN DER WINDEL					
URIN-/ STOMBEUTEL WECHSEL					
MOBILITÄT					
ANKLEIDEN					
AUSKLEIDEN					
AUFSTEHEN/ZU BETT GEHEN					
GEHEN/BEWEGEN IM HAUS					
STEHEN					
TREPPENSTEIGEN					
VERLASSEN DER WOHNUNG					
WIEDERFINDEN DER WOHNUNG					
UMLAGERN					
HAUSWIRTSCHAFTLICHE VERSORGUNG					
KOCHEN					
REINIGUNG DER WOHNUNG					
EINKAUFEN					
SPÜLEN					
WÄSCHEWASCHEN					
BEHEIZEN DER WOHNUNG					
NOTIZEN					

PFLEGETAG:

DATUM: / /

ERFORDERLICHE HILFE BEI:	ZEITINTENSIVITÄT (IN MIN)				ANMERKUNGEN
	MORGENS	MITTAGS	ABENDS	NACHTS VON 22 BIS 6 UHR	
ERNÄHRUNG					
AUFNAHME DER NAHRUNG					
ZUBEREITUNG MUNDGERECHT					
KÖRPERPFLEGE					
WASCHEN					
GANZKÖRPERWÄSCHE					
TEILWÄSCHE					
DUSCHEN					
BADEN					
KÄMMEN					
MUNDPFELGE (ZAHNPFLEGE)					
RASIEREN					
DARM- UND BLASENENTLEERUNG					
WASSERLASSEN					
STUHLGANG					
RICHTEN DER KLEIDUNG					
WECHSELN DER WINDEL					
URIN-/ STOMBEUTEL WECHSEL					
MOBILITÄT					
ANKLEIDEN					
AUSKLEIDEN					
AUFSTEHEN/ZU BETT GEHEN					
GEHEN/BEWEGEN IM HAUS					
STEHEN					
TREPPENSTEIGEN					
VERLASSEN DER WOHNUNG					
WIEDERFINDEN DER WOHNUNG					
UMLAGERN					
HAUSWIRTSCHAFTLICHE VERSORGUNG					
KOCHEN					
REINIGUNG DER WOHNUNG					
EINKAUFEN					
SPÜLEN					
WÄSCHEWASCHEN					
BEHEIZEN DER WOHNUNG					
NOTIZEN					

PFLEGETAG:					DATUM: / /

ERFORDERLICHE HILFE BEI:	ZEITINTENSIVITÄT (IN MIN)				ANMERKUNGEN
	MORGENS	MITTAGS	ABENDS	NACHTS VON 22 BIS 6 UHR	
ERNÄHRUNG					
AUFNAHME DER NAHRUNG					
ZUBEREITUNG MUNDGERECHT					
KÖRPERPFLEGE					
WASCHEN					
GANZKÖRPERWÄSCHE					
TEILWÄSCHE					
DUSCHEN					
BADEN					
KÄMMEN					
MUNDPFELGE (ZAHNPFLEGE)					
RASIEREN					
DARM- UND BLASENENTLEERUNG					
WASSERLASSEN					
STUHLGANG					
RICHTEN DER KLEIDUNG					
WECHSELN DER WINDEL					
URIN-/ STOMBEUTEL WECHSEL					
MOBILITÄT					
ANKLEIDEN					
AUSKLEIDEN					
AUFSTEHEN/ZU BETT GEHEN					
GEHEN/BEWEGEN IM HAUS					
STEHEN					
TREPPENSTEIGEN					
VERLASSEN DER WOHNUNG					
WIEDERFINDEN DER WOHNUNG					
UMLAGERN					
HAUSWIRTSCHAFTLICHE VERSORGUNG					
KOCHEN					
REINIGUNG DER WOHNUNG					
EINKAUFEN					
SPÜLEN					
WÄSCHEWASCHEN					
BEHEIZEN DER WOHNUNG					
NOTIZEN					

PFLEGETAG:					DATUM: / /

ERFORDERLICHE HILFE BEI:	ZEITINTENSIVITÄT (IN MIN)				ANMERKUNGEN
	MORGENS	MITTAGS	ABENDS	NACHTS VON 22 BIS 6 UHR	
ERNÄHRUNG					
AUFNAHME DER NAHRUNG					
ZUBEREITUNG MUNDGERECHT					
KÖRPERPFLEGE					
WASCHEN					
GANZKÖRPERWÄSCHE					
TEILWÄSCHE					
DUSCHEN					
BADEN					
KÄMMEN					
MUNDPFELGE (ZAHNPFLEGE)					
RASIEREN					
DARM- UND BLASENENTLEERUNG					
WASSERLASSEN					
STUHLGANG					
RICHTEN DER KLEIDUNG					
WECHSELN DER WINDEL					
URIN-/ STOMBEUTEL WECHSEL					
MOBILITÄT					
ANKLEIDEN					
AUSKLEIDEN					
AUFSTEHEN/ZU BETT GEHEN					
GEHEN/BEWEGEN IM HAUS					
STEHEN					
TREPPENSTEIGEN					
VERLASSEN DER WOHNUNG					
WIEDERFINDEN DER WOHNUNG					
UMLAGERN					
HAUSWIRTSCHAFTLICHE VERSORGUNG					
KOCHEN					
REINIGUNG DER WOHNUNG					
EINKAUFEN					
SPÜLEN					
WÄSCHEWASCHEN					
BEHEIZEN DER WOHNUNG					
NOTIZEN					

PFLEGETAG: DATUM: / /

ERFORDERLICHE HILFE BEI:	ZEITINTENSIVITÄT (IN MIN)				ANMERKUNGEN
	MORGENS	MITTAGS	ABENDS	NACHTS VON 22 BIS 6 UHR	
ERNÄHRUNG					
AUFNAHME DER NAHRUNG					
ZUBEREITUNG MUNDGERECHT					
KÖRPERPFLEGE					
WASCHEN					
GANZKÖRPERWÄSCHE					
TEILWÄSCHE					
DUSCHEN					
BADEN					
KÄMMEN					
MUNDPFELGE (ZAHNPFLEGE)					
RASIEREN					
DARM- UND BLASENENTLEERUNG					
WASSERLASSEN					
STUHLGANG					
RICHTEN DER KLEIDUNG					
WECHSELN DER WINDEL					
URIN-/ STOMBEUTEL WECHSEL					
MOBILITÄT					
ANKLEIDEN					
AUSKLEIDEN					
AUFSTEHEN/ZU BETT GEHEN					
GEHEN/BEWEGEN IM HAUS					
STEHEN					
TREPPENSTEIGEN					
VERLASSEN DER WOHNUNG					
WIEDERFINDEN DER WOHNUNG					
UMLAGERN					
HAUSWIRTSCHAFTLICHE VERSORGUNG					
KOCHEN					
REINIGUNG DER WOHNUNG					
EINKAUFEN					
SPÜLEN					
WÄSCHEWASCHEN					
BEHEIZEN DER WOHNUNG					

NOTIZEN

PFLEGETAG:				DATUM: / /

ERFORDERLICHE HILFE BEI:	ZEITINTENSIVITÄT (IN MIN)				ANMERKUNGEN
	MORGENS	MITTAGS	ABENDS	NACHTS VON 22 BIS 6 UHR	
ERNÄHRUNG					
AUFNAHME DER NAHRUNG					
ZUBEREITUNG MUNDGERECHT					
KÖRPERPFLEGE					
WASCHEN					
GANZKÖRPERWÄSCHE					
TEILWÄSCHE					
DUSCHEN					
BADEN					
KÄMMEN					
MUNDPFELGE (ZAHNPFLEGE)					
RASIEREN					
DARM- UND BLASENENTLEERUNG					
WASSERLASSEN					
STUHLGANG					
RICHTEN DER KLEIDUNG					
WECHSELN DER WINDEL					
URIN-/ STOMBEUTEL WECHSEL					
MOBILITÄT					
ANKLEIDEN					
AUSKLEIDEN					
AUFSTEHEN/ZU BETT GEHEN					
GEHEN/BEWEGEN IM HAUS					
STEHEN					
TREPPENSTEIGEN					
VERLASSEN DER WOHNUNG					
WIEDERFINDEN DER WOHNUNG					
UMLAGERN					
HAUSWIRTSCHAFTLICHE VERSORGUNG					
KOCHEN					
REINIGUNG DER WOHNUNG					
EINKAUFEN					
SPÜLEN					
WÄSCHEWASCHEN					
BEHEIZEN DER WOHNUNG					
NOTIZEN					

PFLEGETAG: **DATUM:** / /

ERFORDERLICHE HILFE BEI:	ZEITINTENSITÄT (IN MIN)				ANMERKUNGEN
	MORGENS	MITTAGS	ABENDS	NACHTS VON 22 BIS 6 UHR	
ERNÄHRUNG					
AUFNAHME DER NAHRUNG					
ZUBEREITUNG MUNDGERECHT					
KÖRPERPFLEGE					
WASCHEN					
GANZKÖRPERWÄSCHE					
TEILWÄSCHE					
DUSCHEN					
BADEN					
KÄMMEN					
MUNDPFELGE (ZAHNPFLEGE)					
RASIEREN					
DARM- UND BLASENENTLEERUNG					
WASSERLASSEN					
STUHLGANG					
RICHTEN DER KLEIDUNG					
WECHSELN DER WINDEL					
URIN-/ STOMBEUTEL WECHSEL					
MOBILITÄT					
ANKLEIDEN					
AUSKLEIDEN					
AUFSTEHEN/ZU BETT GEHEN					
GEHEN/BEWEGEN IM HAUS					
STEHEN					
TREPPENSTEIGEN					
VERLASSEN DER WOHNUNG					
WIEDERFINDEN DER WOHNUNG					
UMLAGERN					
HAUSWIRTSCHAFTLICHE VERSORGUNG					
KOCHEN					
REINIGUNG DER WOHNUNG					
EINKAUFEN					
SPÜLEN					
WÄSCHEWASCHEN					
BEHEIZEN DER WOHNUNG					

NOTIZEN

PFLEGETAG:					DATUM: / /

ERFORDERLICHE HILFE BEI:	ZEITINTENSIVITÄT (IN MIN)				ANMERKUNGEN
	MORGENS	MITTAGS	ABENDS	NACHTS VON 22 BIS 6 UHR	
ERNÄHRUNG					
AUFNAHME DER NAHRUNG					
ZUBEREITUNG MUNDGERECHT					
KÖRPERPFLEGE					
WASCHEN					
GANZKÖRPERWÄSCHE					
TEILWÄSCHE					
DUSCHEN					
BADEN					
KÄMMEN					
MUNDPFELGE (ZAHNPFLEGE)					
RASIEREN					
DARM- UND BLASENENTLEERUNG					
WASSERLASSEN					
STUHLGANG					
RICHTEN DER KLEIDUNG					
WECHSELN DER WINDEL					
URIN-/ STOMBEUTEL WECHSEL					
MOBILITÄT					
ANKLEIDEN					
AUSKLEIDEN					
AUFSTEHEN/ZU BETT GEHEN					
GEHEN/BEWEGEN IM HAUS					
STEHEN					
TREPPENSTEIGEN					
VERLASSEN DER WOHNUNG					
WIEDERFINDEN DER WOHNUNG					
UMLAGERN					
HAUSWIRTSCHAFTLICHE VERSORGUNG					
KOCHEN					
REINIGUNG DER WOHNUNG					
EINKAUFEN					
SPÜLEN					
WÄSCHEWASCHEN					
BEHEIZEN DER WOHNUNG					
NOTIZEN					

PFLEGETAG:					DATUM: / /

ERFORDERLICHE HILFE BEI:	ZEITINTENSIVITÄT (IN MIN)				ANMERKUNGEN
	MORGENS	MITTAGS	ABENDS	NACHTS VON 22 BIS 6 UHR	
ERNÄHRUNG					
AUFNAHME DER NAHRUNG					
ZUBEREITUNG MUNDGERECHT					
KÖRPERPFLEGE					
WASCHEN					
GANZKÖRPERWÄSCHE					
TEILWÄSCHE					
DUSCHEN					
BADEN					
KÄMMEN					
MUNDPFELGE (ZAHNPFLEGE)					
RASIEREN					
DARM- UND BLASENENTLEERUNG					
WASSERLASSEN					
STUHLGANG					
RICHTEN DER KLEIDUNG					
WECHSELN DER WINDEL					
URIN-/ STOMBEUTEL WECHSEL					
MOBILITÄT					
ANKLEIDEN					
AUSKLEIDEN					
AUFSTEHEN/ZU BETT GEHEN					
GEHEN/BEWEGEN IM HAUS					
STEHEN					
TREPPENSTEIGEN					
VERLASSEN DER WOHNUNG					
WIEDERFINDEN DER WOHNUNG					
UMLAGERN					
HAUSWIRTSCHAFTLICHE VERSORGUNG					
KOCHEN					
REINIGUNG DER WOHNUNG					
EINKAUFEN					
SPÜLEN					
WÄSCHEWASCHEN					
BEHEIZEN DER WOHNUNG					
NOTIZEN					

PFLEGETAG:					DATUM: / /

ERFORDERLICHE HILFE BEI:	ZEITINTENSIVITÄT (IN MIN)				ANMERKUNGEN
	MORGENS	MITTAGS	ABENDS	NACHTS VON 22 BIS 6 UHR	
ERNÄHRUNG					
AUFNAHME DER NAHRUNG					
ZUBEREITUNG MUNDGERECHT					
KÖRPERPFLEGE					
WASCHEN					
GANZKÖRPERWÄSCHE					
TEILWÄSCHE					
DUSCHEN					
BADEN					
KÄMMEN					
MUNDPFELGE (ZAHNPFLEGE)					
RASIEREN					
DARM- UND BLASENENTLEERUNG					
WASSERLASSEN					
STUHLGANG					
RICHTEN DER KLEIDUNG					
WECHSELN DER WINDEL					
URIN-/ STOMBEUTEL WECHSEL					
MOBILITÄT					
ANKLEIDEN					
AUSKLEIDEN					
AUFSTEHEN/ZU BETT GEHEN					
GEHEN/BEWEGEN IM HAUS					
STEHEN					
TREPPENSTEIGEN					
VERLASSEN DER WOHNUNG					
WIEDERFINDEN DER WOHNUNG					
UMLAGERN					
HAUSWIRTSCHAFTLICHE VERSORGUNG					
KOCHEN					
REINIGUNG DER WOHNUNG					
EINKAUFEN					
SPÜLEN					
WÄSCHEWASCHEN					
BEHEIZEN DER WOHNUNG					
NOTIZEN					

PFLEGETAG: DATUM: /   /

ERFORDERLICHE HILFE BEI:	ZEITINTENSIVITÄT (IN MIN)				ANMERKUNGEN
	MORGENS	MITTAGS	ABENDS	NACHTS VON 22 BIS 6 UHR	
ERNÄHRUNG					
AUFNAHME DER NAHRUNG					
ZUBEREITUNG MUNDGERECHT					
KÖRPERPFLEGE					
WASCHEN					
GANZKÖRPERWÄSCHE					
TEILWÄSCHE					
DUSCHEN					
BADEN					
KÄMMEN					
MUNDPFELGE (ZAHNPFLEGE)					
RASIEREN					
DARM- UND BLASENENTLEERUNG					
WASSERLASSEN					
STUHLGANG					
RICHTEN DER KLEIDUNG					
WECHSELN DER WINDEL					
URIN-/ STOMBEUTEL WECHSEL					
MOBILITÄT					
ANKLEIDEN					
AUSKLEIDEN					
AUFSTEHEN/ZU BETT GEHEN					
GEHEN/BEWEGEN IM HAUS					
STEHEN					
TREPPENSTEIGEN					
VERLASSEN DER WOHNUNG					
WIEDERFINDEN DER WOHNUNG					
UMLAGERN					
HAUSWIRTSCHAFTLICHE VERSORGUNG					
KOCHEN					
REINIGUNG DER WOHNUNG					
EINKAUFEN					
SPÜLEN					
WÄSCHEWASCHEN					
BEHEIZEN DER WOHNUNG					

NOTIZEN

PFLEGETAG:

DATUM: / /

ERFORDERLICHE HILFE BEI:	ZEITINTENSIVITÄT (IN MIN)				ANMERKUNGEN
	MORGENS	MITTAGS	ABENDS	NACHTS VON 22 BIS 6 UHR	
ERNÄHRUNG					
AUFNAHME DER NAHRUNG					
ZUBEREITUNG MUNDGERECHT					
KÖRPERPFLEGE					
WASCHEN					
GANZKÖRPERWÄSCHE					
TEILWÄSCHE					
DUSCHEN					
BADEN					
KÄMMEN					
MUNDPFELGE (ZAHNPFLEGE)					
RASIEREN					
DARM- UND BLASENENTLEERUNG					
WASSERLASSEN					
STUHLGANG					
RICHTEN DER KLEIDUNG					
WECHSELN DER WINDEL					
URIN-/ STOMBEUTEL WECHSEL					
MOBILITÄT					
ANKLEIDEN					
AUSKLEIDEN					
AUFSTEHEN/ZU BETT GEHEN					
GEHEN/BEWEGEN IM HAUS					
STEHEN					
TREPPENSTEIGEN					
VERLASSEN DER WOHNUNG					
WIEDERFINDEN DER WOHNUNG					
UMLAGERN					
HAUSWIRTSCHAFTLICHE VERSORGUNG					
KOCHEN					
REINIGUNG DER WOHNUNG					
EINKAUFEN					
SPÜLEN					
WÄSCHEWASCHEN					
BEHEIZEN DER WOHNUNG					
NOTIZEN					

PFLEGETAG:	DATUM: / /

ERFORDERLICHE HILFE BEI:	ZEITINTENSIVITÄT (IN MIN)				ANMERKUNGEN
	MORGENS	MITTAGS	ABENDS	NACHTS VON 22 BIS 6 UHR	
ERNÄHRUNG					
AUFNAHME DER NAHRUNG					
ZUBEREITUNG MUNDGERECHT					
KÖRPERPFLEGE					
WASCHEN					
GANZKÖRPERWÄSCHE					
TEILWÄSCHE					
DUSCHEN					
BADEN					
KÄMMEN					
MUNDPFELGE (ZAHNPFLEGE)					
RASIEREN					
DARM- UND BLASENENTLEERUNG					
WASSERLASSEN					
STUHLGANG					
RICHTEN DER KLEIDUNG					
WECHSELN DER WINDEL					
URIN-/ STOMBEUTEL WECHSEL					
MOBILITÄT					
ANKLEIDEN					
AUSKLEIDEN					
AUFSTEHEN/ZU BETT GEHEN					
GEHEN/BEWEGEN IM HAUS					
STEHEN					
TREPPENSTEIGEN					
VERLASSEN DER WOHNUNG					
WIEDERFINDEN DER WOHNUNG					
UMLAGERN					
HAUSWIRTSCHAFTLICHE VERSORGUNG					
KOCHEN					
REINIGUNG DER WOHNUNG					
EINKAUFEN					
SPÜLEN					
WÄSCHEWASCHEN					
BEHEIZEN DER WOHNUNG					
NOTIZEN					

PFLEGETAG:				DATUM: / /

ERFORDERLICHE HILFE BEI:	ZEITINTENSIVITÄT (IN MIN)				ANMERKUNGEN
	MORGENS	MITTAGS	ABENDS	NACHTS VON 22 BIS 6 UHR	
ERNÄHRUNG					
AUFNAHME DER NAHRUNG					
ZUBEREITUNG MUNDGERECHT					
KÖRPERPFLEGE					
WASCHEN					
GANZKÖRPERWÄSCHE					
TEILWÄSCHE					
DUSCHEN					
BADEN					
KÄMMEN					
MUNDPFELGE (ZAHNPFLEGE)					
RASIEREN					
DARM- UND BLASENENTLEERUNG					
WASSERLASSEN					
STUHLGANG					
RICHTEN DER KLEIDUNG					
WECHSELN DER WINDEL					
URIN-/ STOMBEUTEL WECHSEL					
MOBILITÄT					
ANKLEIDEN					
AUSKLEIDEN					
AUFSTEHEN/ZU BETT GEHEN					
GEHEN/BEWEGEN IM HAUS					
STEHEN					
TREPPENSTEIGEN					
VERLASSEN DER WOHNUNG					
WIEDERFINDEN DER WOHNUNG					
UMLAGERN					
HAUSWIRTSCHAFTLICHE VERSORGUNG					
KOCHEN					
REINIGUNG DER WOHNUNG					
EINKAUFEN					
SPÜLEN					
WÄSCHEWASCHEN					
BEHEIZEN DER WOHNUNG					
NOTIZEN					

PFLEGETAG:					DATUM: / /

ERFORDERLICHE HILFE BEI:	ZEITINTENSIVITÄT (IN MIN)				ANMERKUNGEN
	MORGENS	MITTAGS	ABENDS	NACHTS VON 22 BIS 6 UHR	
ERNÄHRUNG					
AUFNAHME DER NAHRUNG					
ZUBEREITUNG MUNDGERECHT					
KÖRPERPFLEGE					
WASCHEN					
GANZKÖRPERWÄSCHE					
TEILWÄSCHE					
DUSCHEN					
BADEN					
KÄMMEN					
MUNDPFELGE (ZAHNPFLEGE)					
RASIEREN					
DARM- UND BLASENENTLEERUNG					
WASSERLASSEN					
STUHLGANG					
RICHTEN DER KLEIDUNG					
WECHSELN DER WINDEL					
URIN-/ STOMBEUTEL WECHSEL					
MOBILITÄT					
ANKLEIDEN					
AUSKLEIDEN					
AUFSTEHEN/ZU BETT GEHEN					
GEHEN/BEWEGEN IM HAUS					
STEHEN					
TREPPENSTEIGEN					
VERLASSEN DER WOHNUNG					
WIEDERFINDEN DER WOHNUNG					
UMLAGERN					
HAUSWIRTSCHAFTLICHE VERSORGUNG					
KOCHEN					
REINIGUNG DER WOHNUNG					
EINKAUFEN					
SPÜLEN					
WÄSCHEWASCHEN					
BEHEIZEN DER WOHNUNG					
NOTIZEN					

| PFLEGETAG: | | | | DATUM: / / | |

ERFORDERLICHE HILFE BEI:	ZEITINTENSIVITÄT (IN MIN)				ANMERKUNGEN
	MORGENS	MITTAGS	ABENDS	NACHTS VON 22 BIS 6 UHR	
ERNÄHRUNG					
AUFNAHME DER NAHRUNG					
ZUBEREITUNG MUNDGERECHT					
KÖRPERPFLEGE					
WASCHEN					
GANZKÖRPERWÄSCHE					
TEILWÄSCHE					
DUSCHEN					
BADEN					
KÄMMEN					
MUNDPFELGE (ZAHNPFLEGE)					
RASIEREN					
DARM- UND BLASENENTLEERUNG					
WASSERLASSEN					
STUHLGANG					
RICHTEN DER KLEIDUNG					
WECHSELN DER WINDEL					
URIN-/ STOMBEUTEL WECHSEL					
MOBILITÄT					
ANKLEIDEN					
AUSKLEIDEN					
AUFSTEHEN/ZU BETT GEHEN					
GEHEN/BEWEGEN IM HAUS					
STEHEN					
TREPPENSTEIGEN					
VERLASSEN DER WOHNUNG					
WIEDERFINDEN DER WOHNUNG					
UMLAGERN					
HAUSWIRTSCHAFTLICHE VERSORGUNG					
KOCHEN					
REINIGUNG DER WOHNUNG					
EINKAUFEN					
SPÜLEN					
WÄSCHEWASCHEN					
BEHEIZEN DER WOHNUNG					
NOTIZEN					

PFLEGETAG:

DATUM: / /

ERFORDERLICHE HILFE BEI:	ZEITINTENSIVITÄT (IN MIN)				ANMERKUNGEN
	MORGENS	MITTAGS	ABENDS	NACHTS VON 22 BIS 6 UHR	
ERNÄHRUNG					
AUFNAHME DER NAHRUNG					
ZUBEREITUNG MUNDGERECHT					
KÖRPERPFLEGE					
WASCHEN					
GANZKÖRPERWÄSCHE					
TEILWÄSCHE					
DUSCHEN					
BADEN					
KÄMMEN					
MUNDPFELGE (ZAHNPFLEGE)					
RASIEREN					
DARM- UND BLASENENTLEERUNG					
WASSERLASSEN					
STUHLGANG					
RICHTEN DER KLEIDUNG					
WECHSELN DER WINDEL					
URIN-/ STOMBEUTEL WECHSEL					
MOBILITÄT					
ANKLEIDEN					
AUSKLEIDEN					
AUFSTEHEN/ZU BETT GEHEN					
GEHEN/BEWEGEN IM HAUS					
STEHEN					
TREPPENSTEIGEN					
VERLASSEN DER WOHNUNG					
WIEDERFINDEN DER WOHNUNG					
UMLAGERN					
HAUSWIRTSCHAFTLICHE VERSORGUNG					
KOCHEN					
REINIGUNG DER WOHNUNG					
EINKAUFEN					
SPÜLEN					
WÄSCHEWASCHEN					
BEHEIZEN DER WOHNUNG					
NOTIZEN					

PFLEGETAG: DATUM: / /

ERFORDERLICHE HILFE BEI:	ZEITINTENSIVITÄT (IN MIN)				ANMERKUNGEN
	MORGENS	MITTAGS	ABENDS	NACHTS VON 22 BIS 6 UHR	
ERNÄHRUNG					
AUFNAHME DER NAHRUNG					
ZUBEREITUNG MUNDGERECHT					
KÖRPERPFLEGE					
WASCHEN					
GANZKÖRPERWÄSCHE					
TEILWÄSCHE					
DUSCHEN					
BADEN					
KÄMMEN					
MUNDPFELGE (ZAHNPFLEGE)					
RASIEREN					
DARM- UND BLASENENTLEERUNG					
WASSERLASSEN					
STUHLGANG					
RICHTEN DER KLEIDUNG					
WECHSELN DER WINDEL					
URIN-/ STOMBEUTEL WECHSEL					
MOBILITÄT					
ANKLEIDEN					
AUSKLEIDEN					
AUFSTEHEN/ZU BETT GEHEN					
GEHEN/BEWEGEN IM HAUS					
STEHEN					
TREPPENSTEIGEN					
VERLASSEN DER WOHNUNG					
WIEDERFINDEN DER WOHNUNG					
UMLAGERN					
HAUSWIRTSCHAFTLICHE VERSORGUNG					
KOCHEN					
REINIGUNG DER WOHNUNG					
EINKAUFEN					
SPÜLEN					
WÄSCHEWASCHEN					
BEHEIZEN DER WOHNUNG					

NOTIZEN

PFLEGETAG:

DATUM: / /

ERFORDERLICHE HILFE BEI:	ZEITINTENSIVITÄT (IN MIN)				ANMERKUNGEN
	MORGENS	MITTAGS	ABENDS	NACHTS VON 22 BIS 6 UHR	
ERNÄHRUNG					
AUFNAHME DER NAHRUNG					
ZUBEREITUNG MUNDGERECHT					
KÖRPERPFLEGE					
WASCHEN					
GANZKÖRPERWÄSCHE					
TEILWÄSCHE					
DUSCHEN					
BADEN					
KÄMMEN					
MUNDPFELGE (ZAHNPFLEGE)					
RASIEREN					
DARM- UND BLASENENTLEERUNG					
WASSERLASSEN					
STUHLGANG					
RICHTEN DER KLEIDUNG					
WECHSELN DER WINDEL					
URIN-/ STOMBEUTEL WECHSEL					
MOBILITÄT					
ANKLEIDEN					
AUSKLEIDEN					
AUFSTEHEN/ZU BETT GEHEN					
GEHEN/BEWEGEN IM HAUS					
STEHEN					
TREPPENSTEIGEN					
VERLASSEN DER WOHNUNG					
WIEDERFINDEN DER WOHNUNG					
UMLAGERN					
HAUSWIRTSCHAFTLICHE VERSORGUNG					
KOCHEN					
REINIGUNG DER WOHNUNG					
EINKAUFEN					
SPÜLEN					
WÄSCHEWASCHEN					
BEHEIZEN DER WOHNUNG					
NOTIZEN					

PFLEGETAG:				DATUM: / /

ERFORDERLICHE HILFE BEI:	ZEITINTENSIVITÄT (IN MIN)				ANMERKUNGEN
	MORGENS	MITTAGS	ABENDS	NACHTS VON 22 BIS 6 UHR	
ERNÄHRUNG					
AUFNAHME DER NAHRUNG					
ZUBEREITUNG MUNDGERECHT					
KÖRPERPFLEGE					
WASCHEN					
GANZKÖRPERWÄSCHE					
TEILWÄSCHE					
DUSCHEN					
BADEN					
KÄMMEN					
MUNDPFELGE (ZAHNPFLEGE)					
RASIEREN					
DARM- UND BLASENENTLEERUNG					
WASSERLASSEN					
STUHLGANG					
RICHTEN DER KLEIDUNG					
WECHSELN DER WINDEL					
URIN-/ STOMBEUTEL WECHSEL					
MOBILITÄT					
ANKLEIDEN					
AUSKLEIDEN					
AUFSTEHEN/ZU BETT GEHEN					
GEHEN/BEWEGEN IM HAUS					
STEHEN					
TREPPENSTEIGEN					
VERLASSEN DER WOHNUNG					
WIEDERFINDEN DER WOHNUNG					
UMLAGERN					
HAUSWIRTSCHAFTLICHE VERSORGUNG					
KOCHEN					
REINIGUNG DER WOHNUNG					
EINKAUFEN					
SPÜLEN					
WÄSCHEWASCHEN					
BEHEIZEN DER WOHNUNG					
NOTIZEN					

PFLEGETAG:					DATUM: / /

ERFORDERLICHE HILFE BEI:	ZEITINTENSIVITÄT (IN MIN)				ANMERKUNGEN
	MORGENS	MITTAGS	ABENDS	NACHTS VON 22 BIS 6 UHR	
ERNÄHRUNG					
AUFNAHME DER NAHRUNG					
ZUBEREITUNG MUNDGERECHT					
KÖRPERPFLEGE					
WASCHEN					
GANZKÖRPERWÄSCHE					
TEILWÄSCHE					
DUSCHEN					
BADEN					
KÄMMEN					
MUNDPFELGE (ZAHNPFLEGE)					
RASIEREN					
DARM- UND BLASENENTLEERUNG					
WASSERLASSEN					
STUHLGANG					
RICHTEN DER KLEIDUNG					
WECHSELN DER WINDEL					
URIN-/ STOMBEUTEL WECHSEL					
MOBILITÄT					
ANKLEIDEN					
AUSKLEIDEN					
AUFSTEHEN/ZU BETT GEHEN					
GEHEN/BEWEGEN IM HAUS					
STEHEN					
TREPPENSTEIGEN					
VERLASSEN DER WOHNUNG					
WIEDERFINDEN DER WOHNUNG					
UMLAGERN					
HAUSWIRTSCHAFTLICHE VERSORGUNG					
KOCHEN					
REINIGUNG DER WOHNUNG					
EINKAUFEN					
SPÜLEN					
WÄSCHEWASCHEN					
BEHEIZEN DER WOHNUNG					
NOTIZEN					

PFLEGETAG:				DATUM: / /

ERFORDERLICHE HILFE BEI:	ZEITINTENSIVITÄT (IN MIN)				ANMERKUNGEN
	MORGENS	MITTAGS	ABENDS	NACHTS VON 22 BIS 6 UHR	
ERNÄHRUNG					
AUFNAHME DER NAHRUNG					
ZUBEREITUNG MUNDGERECHT					
KÖRPERPFLEGE					
WASCHEN					
GANZKÖRPERWÄSCHE					
TEILWÄSCHE					
DUSCHEN					
BADEN					
KÄMMEN					
MUNDPFELGE (ZAHNPFLEGE)					
RASIEREN					
DARM- UND BLASENENTLEERUNG					
WASSERLASSEN					
STUHLGANG					
RICHTEN DER KLEIDUNG					
WECHSELN DER WINDEL					
URIN-/ STOMBEUTEL WECHSEL					
MOBILITÄT					
ANKLEIDEN					
AUSKLEIDEN					
AUFSTEHEN/ZU BETT GEHEN					
GEHEN/BEWEGEN IM HAUS					
STEHEN					
TREPPENSTEIGEN					
VERLASSEN DER WOHNUNG					
WIEDERFINDEN DER WOHNUNG					
UMLAGERN					
HAUSWIRTSCHAFTLICHE VERSORGUNG					
KOCHEN					
REINIGUNG DER WOHNUNG					
EINKAUFEN					
SPÜLEN					
WÄSCHEWASCHEN					
BEHEIZEN DER WOHNUNG					
NOTIZEN					

PFLEGETAG:	DATUM:	/	/

ERFORDERLICHE HILFE BEI:	ZEITINTENSIVITÄT (IN MIN)				ANMERKUNGEN
	MORGENS	MITTAGS	ABENDS	NACHTS VON 22 BIS 6 UHR	
ERNÄHRUNG					
AUFNAHME DER NAHRUNG					
ZUBEREITUNG MUNDGERECHT					
KÖRPERPFLEGE					
WASCHEN					
GANZKÖRPERWÄSCHE					
TEILWÄSCHE					
DUSCHEN					
BADEN					
KÄMMEN					
MUNDPFELGE (ZAHNPFLEGE)					
RASIEREN					
DARM- UND BLASENENTLEERUNG					
WASSERLASSEN					
STUHLGANG					
RICHTEN DER KLEIDUNG					
WECHSELN DER WINDEL					
URIN-/ STOMBEUTEL WECHSEL					
MOBILITÄT					
ANKLEIDEN					
AUSKLEIDEN					
AUFSTEHEN/ZU BETT GEHEN					
GEHEN/BEWEGEN IM HAUS					
STEHEN					
TREPPENSTEIGEN					
VERLASSEN DER WOHNUNG					
WIEDERFINDEN DER WOHNUNG					
UMLAGERN					
HAUSWIRTSCHAFTLICHE VERSORGUNG					
KOCHEN					
REINIGUNG DER WOHNUNG					
EINKAUFEN					
SPÜLEN					
WÄSCHEWASCHEN					
BEHEIZEN DER WOHNUNG					
NOTIZEN					

PFLEGETAG:				DATUM: / /

ERFORDERLICHE HILFE BEI:	ZEITINTENSIVITÄT (IN MIN)				ANMERKUNGEN
	MORGENS	MITTAGS	ABENDS	NACHTS VON 22 BIS 6 UHR	
ERNÄHRUNG					
AUFNAHME DER NAHRUNG					
ZUBEREITUNG MUNDGERECHT					
KÖRPERPFLEGE					
WASCHEN					
GANZKÖRPERWÄSCHE					
TEILWÄSCHE					
DUSCHEN					
BADEN					
KÄMMEN					
MUNDPFELGE (ZAHNPFLEGE)					
RASIEREN					
DARM- UND BLASENENTLEERUNG					
WASSERLASSEN					
STUHLGANG					
RICHTEN DER KLEIDUNG					
WECHSELN DER WINDEL					
URIN-/ STOMBEUTEL WECHSEL					
MOBILITÄT					
ANKLEIDEN					
AUSKLEIDEN					
AUFSTEHEN/ZU BETT GEHEN					
GEHEN/BEWEGEN IM HAUS					
STEHEN					
TREPPENSTEIGEN					
VERLASSEN DER WOHNUNG					
WIEDERFINDEN DER WOHNUNG					
UMLAGERN					
HAUSWIRTSCHAFTLICHE VERSORGUNG					
KOCHEN					
REINIGUNG DER WOHNUNG					
EINKAUFEN					
SPÜLEN					
WÄSCHEWASCHEN					
BEHEIZEN DER WOHNUNG					
NOTIZEN					

| PFLEGETAG: | | | | DATUM: / / |

ERFORDERLICHE HILFE BEI:	ZEITINTENSIVITÄT (IN MIN)				ANMERKUNGEN
	MORGENS	MITTAGS	ABENDS	NACHTS VON 22 BIS 6 UHR	
ERNÄHRUNG					
AUFNAHME DER NAHRUNG					
ZUBEREITUNG MUNDGERECHT					
KÖRPERPFLEGE					
WASCHEN					
GANZKÖRPERWÄSCHE					
TEILWÄSCHE					
DUSCHEN					
BADEN					
KÄMMEN					
MUNDPFELGE (ZAHNPFLEGE)					
RASIEREN					
DARM- UND BLASENENTLEERUNG					
WASSERLASSEN					
STUHLGANG					
RICHTEN DER KLEIDUNG					
WECHSELN DER WINDEL					
URIN-/ STOMBEUTEL WECHSEL					
MOBILITÄT					
ANKLEIDEN					
AUSKLEIDEN					
AUFSTEHEN/ZU BETT GEHEN					
GEHEN/BEWEGEN IM HAUS					
STEHEN					
TREPPENSTEIGEN					
VERLASSEN DER WOHNUNG					
WIEDERFINDEN DER WOHNUNG					
UMLAGERN					
HAUSWIRTSCHAFTLICHE VERSORGUNG					
KOCHEN					
REINIGUNG DER WOHNUNG					
EINKAUFEN					
SPÜLEN					
WÄSCHEWASCHEN					
BEHEIZEN DER WOHNUNG					
NOTIZEN					

| PFLEGETAG: | | | | DATUM: / / | |

ERFORDERLICHE HILFE BEI:	ZEITINTENSIVITÄT (IN MIN)				ANMERKUNGEN
	MORGENS	MITTAGS	ABENDS	NACHTS VON 22 BIS 6 UHR	
ERNÄHRUNG					
AUFNAHME DER NAHRUNG					
ZUBEREITUNG MUNDGERECHT					
KÖRPERPFLEGE					
WASCHEN					
GANZKÖRPERWÄSCHE					
TEILWÄSCHE					
DUSCHEN					
BADEN					
KÄMMEN					
MUNDPFELGE (ZAHNPFLEGE)					
RASIEREN					
DARM- UND BLASENENTLEERUNG					
WASSERLASSEN					
STUHLGANG					
RICHTEN DER KLEIDUNG					
WECHSELN DER WINDEL					
URIN-/ STOMBEUTEL WECHSEL					
MOBILITÄT					
ANKLEIDEN					
AUSKLEIDEN					
AUFSTEHEN/ZU BETT GEHEN					
GEHEN/BEWEGEN IM HAUS					
STEHEN					
TREPPENSTEIGEN					
VERLASSEN DER WOHNUNG					
WIEDERFINDEN DER WOHNUNG					
UMLAGERN					
HAUSWIRTSCHAFTLICHE VERSORGUNG					
KOCHEN					
REINIGUNG DER WOHNUNG					
EINKAUFEN					
SPÜLEN					
WÄSCHEWASCHEN					
BEHEIZEN DER WOHNUNG					
NOTIZEN					

PFLEGETAG:					DATUM: / /

ERFORDERLICHE HILFE BEI:	ZEITINTENSIVITÄT (IN MIN)				ANMERKUNGEN
	MORGENS	MITTAGS	ABENDS	NACHTS VON 22 BIS 6 UHR	
ERNÄHRUNG					
AUFNAHME DER NAHRUNG					
ZUBEREITUNG MUNDGERECHT					
KÖRPERPFLEGE					
WASCHEN					
GANZKÖRPERWÄSCHE					
TEILWÄSCHE					
DUSCHEN					
BADEN					
KÄMMEN					
MUNDPFELGE (ZAHNPFLEGE)					
RASIEREN					
DARM- UND BLASENENTLEERUNG					
WASSERLASSEN					
STUHLGANG					
RICHTEN DER KLEIDUNG					
WECHSELN DER WINDEL					
URIN-/ STOMBEUTEL WECHSEL					
MOBILITÄT					
ANKLEIDEN					
AUSKLEIDEN					
AUFSTEHEN/ZU BETT GEHEN					
GEHEN/BEWEGEN IM HAUS					
STEHEN					
TREPPENSTEIGEN					
VERLASSEN DER WOHNUNG					
WIEDERFINDEN DER WOHNUNG					
UMLAGERN					
HAUSWIRTSCHAFTLICHE VERSORGUNG					
KOCHEN					
REINIGUNG DER WOHNUNG					
EINKAUFEN					
SPÜLEN					
WÄSCHEWASCHEN					
BEHEIZEN DER WOHNUNG					
NOTIZEN					

PFLEGETAG:					DATUM: / /

ERFORDERLICHE HILFE BEI:	ZEITINTENSIVITÄT (IN MIN)				ANMERKUNGEN
	MORGENS	MITTAGS	ABENDS	NACHTS VON 22 BIS 6 UHR	
ERNÄHRUNG					
AUFNAHME DER NAHRUNG					
ZUBEREITUNG MUNDGERECHT					
KÖRPERPFLEGE					
WASCHEN					
GANZKÖRPERWÄSCHE					
TEILWÄSCHE					
DUSCHEN					
BADEN					
KÄMMEN					
MUNDPFELGE (ZAHNPFLEGE)					
RASIEREN					
DARM- UND BLASENENTLEERUNG					
WASSERLASSEN					
STUHLGANG					
RICHTEN DER KLEIDUNG					
WECHSELN DER WINDEL					
URIN-/ STOMBEUTEL WECHSEL					
MOBILITÄT					
ANKLEIDEN					
AUSKLEIDEN					
AUFSTEHEN/ZU BETT GEHEN					
GEHEN/BEWEGEN IM HAUS					
STEHEN					
TREPPENSTEIGEN					
VERLASSEN DER WOHNUNG					
WIEDERFINDEN DER WOHNUNG					
UMLAGERN					
HAUSWIRTSCHAFTLICHE VERSORGUNG					
KOCHEN					
REINIGUNG DER WOHNUNG					
EINKAUFEN					
SPÜLEN					
WÄSCHEWASCHEN					
BEHEIZEN DER WOHNUNG					
NOTIZEN					

PFLEGETAG:				DATUM: / /

ERFORDERLICHE HILFE BEI:	ZEITINTENSIVITÄT (IN MIN)				ANMERKUNGEN
	MORGENS	MITTAGS	ABENDS	NACHTS VON 22 BIS 6 UHR	
ERNÄHRUNG					
AUFNAHME DER NAHRUNG					
ZUBEREITUNG MUNDGERECHT					
KÖRPERPFLEGE					
WASCHEN					
GANZKÖRPERWÄSCHE					
TEILWÄSCHE					
DUSCHEN					
BADEN					
KÄMMEN					
MUNDPFELGE (ZAHNPFLEGE)					
RASIEREN					
DARM- UND BLASENENTLEERUNG					
WASSERLASSEN					
STUHLGANG					
RICHTEN DER KLEIDUNG					
WECHSELN DER WINDEL					
URIN-/ STOMBEUTEL WECHSEL					
MOBILITÄT					
ANKLEIDEN					
AUSKLEIDEN					
AUFSTEHEN/ZU BETT GEHEN					
GEHEN/BEWEGEN IM HAUS					
STEHEN					
TREPPENSTEIGEN					
VERLASSEN DER WOHNUNG					
WIEDERFINDEN DER WOHNUNG					
UMLAGERN					
HAUSWIRTSCHAFTLICHE VERSORGUNG					
KOCHEN					
REINIGUNG DER WOHNUNG					
EINKAUFEN					
SPÜLEN					
WÄSCHEWASCHEN					
BEHEIZEN DER WOHNUNG					
NOTIZEN					

| PFLEGETAG: | | | | DATUM: / / | |

ERFORDERLICHE HILFE BEI:	ZEITINTENSIVITÄT (IN MIN)				ANMERKUNGEN
	MORGENS	MITTAGS	ABENDS	NACHTS VON 22 BIS 6 UHR	
ERNÄHRUNG					
AUFNAHME DER NAHRUNG					
ZUBEREITUNG MUNDGERECHT					
KÖRPERPFLEGE					
WASCHEN					
GANZKÖRPERWÄSCHE					
TEILWÄSCHE					
DUSCHEN					
BADEN					
KÄMMEN					
MUNDPFELGE (ZAHNPFLEGE)					
RASIEREN					
DARM- UND BLASENENTLEERUNG					
WASSERLASSEN					
STUHLGANG					
RICHTEN DER KLEIDUNG					
WECHSELN DER WINDEL					
URIN-/ STOMBEUTEL WECHSEL					
MOBILITÄT					
ANKLEIDEN					
AUSKLEIDEN					
AUFSTEHEN/ZU BETT GEHEN					
GEHEN/BEWEGEN IM HAUS					
STEHEN					
TREPPENSTEIGEN					
VERLASSEN DER WOHNUNG					
WIEDERFINDEN DER WOHNUNG					
UMLAGERN					
HAUSWIRTSCHAFTLICHE VERSORGUNG					
KOCHEN					
REINIGUNG DER WOHNUNG					
EINKAUFEN					
SPÜLEN					
WÄSCHEWASCHEN					
BEHEIZEN DER WOHNUNG					
NOTIZEN					

PFLEGETAG:				DATUM: / /

ERFORDERLICHE HILFE BEI:	ZEITINTENSIVITÄT (IN MIN)				ANMERKUNGEN
	MORGENS	MITTAGS	ABENDS	NACHTS VON 22 BIS 6 UHR	
ERNÄHRUNG					
AUFNAHME DER NAHRUNG					
ZUBEREITUNG MUNDGERECHT					
KÖRPERPFLEGE					
WASCHEN					
GANZKÖRPERWÄSCHE					
TEILWÄSCHE					
DUSCHEN					
BADEN					
KÄMMEN					
MUNDPFELGE (ZAHNPFLEGE)					
RASIEREN					
DARM- UND BLASENENTLEERUNG					
WASSERLASSEN					
STUHLGANG					
RICHTEN DER KLEIDUNG					
WECHSELN DER WINDEL					
URIN-/ STOMBEUTEL WECHSEL					
MOBILITÄT					
ANKLEIDEN					
AUSKLEIDEN					
AUFSTEHEN/ZU BETT GEHEN					
GEHEN/BEWEGEN IM HAUS					
STEHEN					
TREPPENSTEIGEN					
VERLASSEN DER WOHNUNG					
WIEDERFINDEN DER WOHNUNG					
UMLAGERN					
HAUSWIRTSCHAFTLICHE VERSORGUNG					
KOCHEN					
REINIGUNG DER WOHNUNG					
EINKAUFEN					
SPÜLEN					
WÄSCHEWASCHEN					
BEHEIZEN DER WOHNUNG					
NOTIZEN					

IMPRESSUM

Bei Fragen & Anregungen:
feedback@mertens-publication.de

1. Auflage
2018 Mertens Verlagsgruppe
Mertens Ventures Ltd.
Tefkrou Anthia No 2 Office 301
6045 Larnaca
Zypern
E-Mail: kontakt@mertens-publication.de